절대
완전한
기도

절대 완전한 기도

초판 1쇄 발행 ｜ 2021년 4월 23일

지은이 ｜ 하정완
펴낸이 ｜ 이한민
펴낸곳 ｜ 아르카

등록번호 ｜ 제307-2017-18호
등록일자 ｜ 2017년 3월 22일
주　　소 ｜ 서울 성북구 숭인로2길 61 길음동부센트레빌 106-1805
전　　화 ｜ 010-9510-7383
이메일 ｜ arca_pub@naver.com

홈페이지 ｜ www.arca.kr
블로그 ｜ arca_pub.blog.me
페이스북 ｜ fb.me/ARCApulishing

책　　값 ｜ 뒤표지에 있습니다
ISBN ｜ 979-11-89393-23-6 03230

아르카ARCA는 기독출판사이며 방주ARK의 라틴어입니다(창 6:15).
네가 만들 방주는 이러하니 … 새가 그 종류대로, 가축이 그 종류대로,
땅에 기는 모든 것이 그 종류대로 각기 둘씩 네게로 나아오리니 그 생명을 보존하게 하라 _창 6:15,20

절대 완전한 기도

주기도문으로 완성하는 기도의 기본

하정완 지음

아르카

주기도문으로 기도하다

모든 크리스천이 기도하지만 기도는 늘 어렵다고 고백한다. 하지만 주님은 그런 우리들을 위해 주기도문을 가르쳐주셨다. 그만큼 완벽한 기도라는 뜻이다. 그럼에도 불구하고 여전히 어려움을 느낀다. 하지만 반드시 드리고 싶은 기도이기에 예배 중 늘 사용하지만, 어느 때부터인가 주기도문은 예배의 끝을 알리는 기도로 사용하고 있는 것이 현실이다.

이같은 현상이 생긴 이유는, 주기도문이 분명히 주님이 가르쳐주신 완벽한 기도임에도 불구하고, 우리가 그 뜻을 정확하게 알고 있지 못하기 때문이다. 또한 주기도문 자체가 완벽할 뿐 아니라 그 기도문의 각 단어와 문장이 깊은 의미를 담고 있는 까닭에, 그 뜻을 풀어 헤아리지 않으면 마치 암호로 축약된 기도 같은 느낌이 들기 때문이다.

하지만 주님이 가르쳐주신 주기도문은 그 자체로 완벽하기에 그 뜻을 온전히 알고 읽는 것만으로 충분한 기도가 된다. 그러므로 '주기도문으로 기도하기'를 가르치는《절대 완전한 기도》는 주기도문의 뜻을 풀어 놓은 주님의 기도를 배우는 책이라 할 수 있다. 이 책에서 새롭게 고쳐 쓴 주기도문을 읽는 것만으로 주님이 가르쳐주신 기도를 온전하게 드릴 수 있을 것이다.

이 책은 주기도문의 뜻을 자세히 해석하여 '새롭게 풀어 쓴 주기도문'이지만, 각 기도를 드리다 보면 우리 자신이 살고 있는 삶의 자리와 만나는 일이 벌어질 것이고, 우리가 드려야 할 기도도 보일 것이다. 그때 우리 기도는 풍성하게 확장된 기도가 될 것이다. 주님이 가르쳐주신 기도가 우리 삶에 녹아든 기도가 된다는 뜻이다.

그러므로 주님이 가르쳐주신 기도로 온전한 기도를 하기 원하는 이들에게는 큰 도움이 되리라 믿으며, 이 기도를 드리게 인도하신 하나님께 감사를 드린다. 또한 늘 함께 기도하는 서은희 사모와 꿈이있는교회와 더플랜 기도 동역자 모두에게 감사를 드린다. 그리고 기쁘게 이 책을 펴내주신 아르카의 이한민 대표에게 감사의 마음을 보낸다.

제2의 종교개혁을 기도하며

하정완 목사

우리에게 기도를 가르치신 이유

'기도는 무엇이고 어떻게 해야 하는가?'는 오래된 질문이다. 이에 대해 주님은 제자들에게 정확하게 설명하셨다. 새삼스럽지만, 기도는 '하늘에 계신 우리 아버지(마 6:8)께 드리는 것'이라고 주기도문에서 가르치신 것이다. 이처럼 기도가 하나님께 드리는 것이라는 전제는 '모든 것을 아시는 하나님께 과연 말할 필요가 있는가?' 하는 물음에 직면하게 만들 수 있는데, 실제로 주님은 그와 같은 물음에 동의하셨다.

… 구하기 전에 너희에게 있어야 할 것을 하나님 너희 아버지께서 아시느니라 _마 6:8

기도 무용론처럼 들릴 수 있다. 그런데 재미있게도, 바로 이어 주님은 기도하라고 말씀하셨다. 기도하는 법을 가르치신 것이다.

그러므로 너희는 이렇게 기도하라 하늘에 계신 우리 아버지여 …

_마 6:9

앞의 구절과 연결시켜 해석한다면 다음과 같이 풀어 말할 수 있다.

"너희가 기도하기 전에 너희에게 있어야 할 것을 하나님 아버지께서 아시기 때문에 너희는 이렇게 기도해야 한다."

이 모순을 어떻게 이해할까? 우리가 기도하였지만, 결국 그 기도의 내용이나 방법이 적합하지 않았다는 뜻이다. 하나님이 들으실 기도를 하지 못했다는 뜻이다. 우리의 기도에 문제가 있었다는 뜻이다. 어떤 문제가 있었을까?

우리 기도의 문제

무엇보다 기도의 대상이 하나님이시란 것을 잊었다. 기도를 하였지만 사실은 "사람에게 보이려고 회당과 큰 거리 어귀에 서서"(마 6:5) 사람들을 의식하여 드리는 기도처럼 하였다. 이렇게 물어보면 알 수 있다. '아무도 보지 않을 때 나는 기도하고 있는가?'

이어 주님은, 우리가 설령 하나님께 기도할지라도 사람에게 대하듯이 한 것이 우리 기도의 문제임을 지적하셨다. 그래서 주님은 '중언부언' 하더라도 '말을 많이 하여야 들으실'(마 6:7) 것이라고 여기던 성과 중심, 세속적 개념의 기도를 지적하신 것이다.

그렇다면 아무도 보지 않는 골방에서 중언부언하지 않고 조용히 하나님께 기도하면 되는 것인가? 정확하게 말하면 그렇지 않다. 위의 두 조건이 충족되더라도 '기도할 필요가 없는 것'이 있는데, 그것이 우리들의 삶에 대한 기도이다. 왜냐하면 하나님이 다 알고 계시기 때문이다.

> ³¹그러므로 염려하여 이르기를 무엇을 먹을까 무엇을 마실까 무엇을 입을까 하지 말라 ³²이는 다 이방인들이 구하는 것이라 너희 하늘 아버지께서 이 모든 것이 너희에게 있어야 할 줄을 아시느니라
> _마 6:31-32

하나님이 우리 아버지이시기에 자녀에게 필요한 것을 준비하시는 것은 당연하다는 말씀이시다. 이 말씀을 하실 때 주님이 예를 드셨는데, 공중의 새와 들의 백합화에 대한 이야기였다. 그 중 들의 백합화에 대한 말씀이다.

> ²⁸또 너희가 어찌 의복을 위하여 염려하느냐 들의 백합화가 어떻게 자라는가 생각하여 보라 수고도 아니하고 길쌈도 아니하느니라

²⁹그러나 내가 너희에게 말하노니 솔로몬의 모든 영광으로도 입은 것이 이 꽃 하나만 같지 못하였느니라 ³⁰오늘 있다가 내일 아궁이에 던져지는 들풀도 하나님이 이렇게 입히시거든 하물며 너희일까 보냐 믿음이 작은 자들아 _마 6:28-30

간과된 오늘

주님은 먼저 시간에 대한 개념을 정리하셨다. 우선, 들풀은 내일 아궁이에 던져질 것이다. 내일은 문자적으로 내일이 아니라 미래의 어느 시점을 가리키고 있음을 알 수 있다. 반면에, 오늘은 들의 백합화에게 가장 아름다운 시간이다. 봄 들녘에 들꽃이 만발했을 때 누구든지 그 들꽃들을 보며 감탄한다. 그 어떤 것보다 아름답기 때문이다. 그런데 오늘 이 아름답고 찬란한 현재를 누리며 살아야 하는데, 우리는 이 사실을 놓치고 산다.

약간은 격한 표현이지만, 주님은 그 원인이 아궁이에 던져지는 들꽃 같은 신세가 될 내일, 곧 미래에 대한 지나친 염려라고 설명하셨다.

그러므로 내일 일을 위하여 염려하지 말라 내일 일은 내일이 염려할 것이요 한날의 괴로움은 그 날로 족하니라 _마 6:34

사실 우리는 소중하고 찬란한 오늘을 간과한 채 내일, 곧 미래의 문제에 너무 얽매인다. 그것도 지나고 보면 아궁이에 던져질 말라버린 들풀처럼 사소한 것인데, 그것에 지나치게 연연한다. 그 순간, 오늘이 사라지고 만 것이다.

34절을 자세히 읽으면 '한날의 괴로움'에서 '한날'은 '내일'과 대비되어 '오늘'을 말하고 있음을 알 수 있다. 특히 30절에서 "오늘 있다가 내일 아궁이에 던져지는 들풀"이라는 표현을 볼 때 더욱 분명해진다. 그렇다면 '한날의 괴로움'은 '오늘의 괴로움'이라고 해석되어야 한다.

하지만 이 해석에는 문제가 있다. 들꽃에게 '오늘'은 솔로몬의 모든 영광으로도 비교될 수 없는 아름다운 순간이라고 말하기 때문이다. 그러면 왜 이렇게 번역된 것일까? '한날의 괴로움'으로 번역된 이유는 '괴로움'으로 번역된 헬라어 단어 '카키아'(κακία) 때문이다. 이 단어는 분명 '악함, 고난'이란 뜻을 갖고 있지만, '무가치함'이라는 뜻도 있다. 문맥상 이 단어는 '무가치함'으로 번역하는 것이 오히려 적절해 보인다.

실제로 '오늘'은 무가치해 보일 수 있다. 들에 흐드러지게 핀 들꽃처럼 오늘이란 시간은 너무 흔해서 중요해 보이지 않기 때문이다. 더욱이 청년 시절의 오늘은 언제든지 쓸 수 있는 시간 같아서, 오늘 하루가 너무 무료하고 일상적으로 보일 수 있다. 그럴 수 있다. 마치 들의 많은 들꽃이 그냥 평범하고 무가치하게 보이는 것처럼 말이다. 하지만 주님은 지금, 오늘이 아름답고 찬란하다고 말씀하셨다.

사실 들꽃에게는 현상적인 내일이 더 비참하다. 이같은 이해를 토대로 이 구절을 읽으면 "흔해 보이는 오늘은 그 날로 족한 것이다"라고 번역할 수 있다. 좀 더 풀어 의역하면 다음과 같을 것이다.

무가치하고 일상적으로 보이는 오늘은 사실 오늘로 매우 만족스럽고 찬란한 날이다 _마 6:34, 하정완의 역

그런데 사람들은 이것을 잊고 오늘을 희생한다. 아이들에게 대학에 들어가면 무엇이든 해도 된다는 말을 하며 오늘을 희생하게 한다. 오늘을 누려보지도 못한 채 내일을 맞이하게 한다.

하지만 놀랍게도, 내일을 맞이했는데 그 '내일'이 또 다른 '오늘'이라는 점이다. 늘 하던 대로 그 '오늘'을 희생하며 또 내일을 염려하며 살아간다. 그러다 '아궁이에 던져지는 들풀' 신세가 된다. 이것이 지금까지 우리의 인생이었다.

주님은 기도를 가르치실 때 "너희에게 있어야 할 것을 하나님 아버지께서 아신다"라는 말씀을 하시면서, 우리 기도의 관심과 초

점이 자신의 삶의 문제로 가득 찬 내일에 가 있는 것을 바로 잡으려 하신 것이다. 심지어 기도 무용론처럼 느껴질 정도로 말이다.

사라진 내일

가만히 살펴보면 '오늘'만 사라지는 것이 아니다. 주님이 염려하신 것은 '내일, 곧 미래'도 온통 개인적인 삶의 문제로 가득 찬 채 사라지기 때문이었다. 현재는 간과되었고, 미래는 엉뚱한 것으로 가득 차 버린 것을 염려하신 것이며, 하나님 나라에 대한 추구가 온통 먹고 사는 문제로 뒤덮여버릴 것을 염려하신 것이다. 그래서 주님은 현재의 아름다움을 강조하면서, 동시에 매우 분명하게 미래적 가치를 강조하셨다.

> 그런즉 너희는 먼저 그의 나라와 그의 의를 구하라 그리하면 이 모든 것을 너희에게 더하시리라 _마 6:33

극단적으로 들릴지 모르지만, 우리가 기도할 필요가 없는 부분은 내일로 상징되는 미래에 대한 걱정이다. 더욱이 먹고 사는 문제에 대한 것은 하나님께서 인도할 것이기 때문이고, 그것을 걱정한다고 해서 대단한 영향을 끼칠 수 있는 것은 아니기 때문이다. 주님은 이같은 비유로 그것을 설명하셨다.

27너희 중에 누가 염려함으로 그 키를 한 자라도 더할 수 있겠느냐
28… 들의 백합화가 어떻게 자라는가 생각하여 보라 수고도 아니하
고 길쌈도 아니하느니라 _마 6:27-28

그러므로 너희는 이렇게 기도하라 … _마 6:9

주님께서 반드시 기도해야 할 내용을 말씀하신 것이다. 그런데
우리는 무슨 마법에 걸린 것처럼 삶의 문제에 얽히기 시작하면
평생토록 매일 먹고사는 문제로 고민하며 산다. 주님은 그렇게
살아서는 안 된다고 말씀하신 것이다. 우리가 그저 평범한 존재
가 아니라, 하나님의 자녀이기 때문이다. 이것이 기도의 첫 시작
을 "하늘에 계신 우리 아버지"라고 가르치신 이유이다. 그러므로
주님이 가르쳐주시는 기도를 배우는 동안, 우리는 반드시 기도해
야 할 내용을 깨닫게 될 것이다.

새롭게 풀어 쓴 주기도문

온 우주 만물, 이 땅뿐만 아니라 천지와 하늘나라까지 주관하시고, 우리 마음속을 포함하여 세밀한 부분까지 아시고 거하시는 하나님 우리 아버지, 그러나 나의 아빠 아버지. 하지만 우리 모든 형제자매 들의 아버지, 그리고 우리가 기도할 때 우리와 함께하시는 예수 그리스도와 우리 아버지시여!

여호와, 하나님 아버지의 이름은 그 이름만으로 거룩하시고 높으시오니, 아버지의 이름이 우리의 사역을 통하여 온 세상 사람으로부터 높임과 거룩히 여김을 받으시오며, 물이 바다를 덮음같이, 구원이 온 땅에 가득하기를 기도합니다.

하지만, 내가 나를 신뢰할 수 없습니다. 만유의 주 되신 하나님께서 왕으로 통치하시는 나라가 내 몸과 마음 안에도 이뤄지길 원합니다. 초청하오니, 내 안에 임하셔서 나의 주가 되시고 다스려주옵소서. 하나님은 이미 공중의 권세 잡은 자들을 모두 결박하셨고, 하나님의 뜻은 온 세상에 드러났습니다. 그러므로 그동안 우리가 살았던 세상의 방법과 시스템을 거절하고, 하나님의 말씀을 따라 하나님의 방법으로 사는 수도적 노력을 게을리하지 않을 뿐 아니라, 이 세상에 하나님의 뜻을 따라 사는 거룩한 문화와 하나님 나라가 이뤄지기를 기도합니다. 우리를 통하여 그 나라가 이뤄지도록 추구하며 살게 인도하옵소서.

또한 우리가 사는 날 동안 사용하도록 하나님 아버지께서 미리 준비해놓으신 모든 것들 중에서, 오늘 지금 우리에게 필요한 우리의 것을 주옵소서.

그리고 우리 죄를 대속하시기 위해 아들 예수를 십자가에 못 박혀 죽게 하심으로, 조건 없이 우리들을 모든 죄로부터 완전히 구속하신 은혜에 감사드립니다. 이제 우리도 그 은혜에 힘입어 우리에게 죄 지은 자들을 용서하오니, 우리를 긍휼히 여기시고 인도하옵소서.

하나님께서는 우리가 우리들 스스로의 욕심에 의해 생긴 시험에 빠져 헤맬 때도 마치 당신이 잘못하신 것처럼 주도적으로 우리의 삶에 개입하시고, 아들 예수 그리스도에게 우리의 죄를 담당시키셨습니다. 또한 기꺼이 그 십자가를 지시고 우리에게로 오신 주님, 이제 우리도 그 시험에 빠지지 않기를 원하오니, 우리를 도와주옵소서.

우리가 유혹을 극복하지 못하고 세상을 사랑하여, 스스로 죄악에 빠져 헤어나올 수 없을 때에도 우리를 불쌍히 여기시고 살려주옵소서. 또한 우리가 도무지 감당할 수 없는 악한 세력이 엄습할 때, 그 세력으로부터 우리를 구원하시고 주님이 예비하신 곳으로 인도하여 주옵소서.

이렇게 우리가 기도드리는 이유는, 하늘과 땅의 모든 나라는 하나님 아버지 것이며, 모든 권세 위에 모든 권세 역시 하나님 아버지 것이며, 모든 영광 또한 오직 한 분 하나님 아버지께서 받아야 할 마땅한 것이기 때문입니다. 진실로 그렇습니다.

아멘.

차례

1장

|

하나님
우리 아버지여

하늘에 계신 우리 아버지여
_마 6:9

주님이 가르쳐주신 기도의 첫 마디부터 심상치 않다. 읽기만 하여도 가슴이 설레는 이유는 신(神)과 인간의 관계를 규정하는 표현으로 시작하기 때문이다. 주님이 우리와 별개인 존재가 아니라 우리의 '아버지'이신데, 그러나 동시에 '하늘에 계시다'라는 표현으로 분명히 인간과 구별된 존재이심을 시사한다.

땅에 있는 존재와 같은 아버지와, 하늘에 있는 존재로서의 신(神)을 함께 내포하고 있는 것이다. 그런 뜻인가?

하늘에 계시다

"하늘에 계시다."

성경에서 '하늘'로 번역된 헬라어 '우라노스'(οὐρανός)는 '천지'(마 5:18 등) '천하'(행 2:5), '천국'(마 3:2), '하늘', '공중' 등으로도 번역된다. 하지만 자세히 살펴보면 복수일 때와 단수일 때 다르게 쓰이고 있음을 알 수 있다. 일반적으로 '하늘'은 복수형 '우라노이스'(οὐρανοῖς)를 많이 사용하는데, 히브리어 역시 '하늘'의 대표적인 단어는 복수형으로 쓰인 '샤마임'(שָׁמַיִם)이다.

하지만 주님은 좀 세밀하게 구분하여 쓰셨다. 즉, 이 세상과 구별되는 하늘, 곧 천국의 의미로 쓸 때는 단수형을 쓰셨다. 그래서 요한복음 3장 13절 "하늘에서 내려온 자 곧 인자 외에는 하늘에 올라간 자가 없느니라", 6장 38절 "내가 하늘에서 내려온 것은 내 뜻을 행하려 함이 아니요 나를 보내신 이의 뜻을 행하려 함이니라" 등에서 '하늘'은 모두 단수형이다.

이와 달리 주기도문에서 쓰인 '하늘'은 복수형 '우라노이스'이다. 그렇다면 주님은 단순히 이 세상과 구별되는 의미로서 천국을 묘사하신 것이 아니라, 매우 포괄적이고 광범위한 의미에서 '하늘'을 쓰시고자 한 것임을 알 수 있다.

주님이 '하늘'을 이렇게 복수로 사용하신 이유는, 단순히 하나님이 이 세상과 구별된 곳인 '천국'에 계신다는 말이 아니라, '천국'을 포함하여 더 넓은 의미로 우리가 살고 있는 세상, 공중으로서 하늘 등을 다 내포한 모든 장소에 계시다는 뜻임을 알 수 있다. 그런 의미에서 '하늘에 계신'이라는 말은 '오늘 우리 가운데', 곧 '이 온 세상 가운데'라는 의미로 번역되어야 옳다.

그러므로 여기서 표현된 '하늘에 계신 하나님'은 천국에만 계시는, 우리와 구별된 분이 아니라, 그 천국을 포함하여 모든 장소와 공간에 계시는 하나님이심을 말하고 있다. 즉, 하늘, 천국, 온 세상과 함께, 심지어 우리 마음과 생각의 영역까지를 포함하고 있다 할 것이다. '하나님은 계시지 않는 곳이 없다'라는 의미이다. 모든 개념의 공간에 다 계신다는 뜻이다. 단순히 초월하시는 존재가 아니라, 우리 안의 깊은 곳까지 내재하시는 존재로서 말이다.

따라서 '주의 기도'는 초월적인 하나님이시며 전능하신 하나님이 우리의 개인적인 상황과 처지, 우리 마음속까지도 깊이 아시는 하나님이시라는 놀라운 인식이 내재된 기도이다. 한마디로 말해서, '무소부재'하신 전능하신 하나님이 '하늘에 계신'이라는 표현에 다 들어 있는 것이다.

아빠 아버지

'하늘에 계신 하나님은 어디에나 계시다'라는 하나님의 전능하심이 부각되면 될수록, 우리는 그분 앞에 설 수도 나아갈 수도 없는 보잘것없는 존재인 것이 드러난다. 그래서 이어지는 '우리 아버지'라는 표현이 숨 막힐 정도로 아름다운 것이다.

사실 '하나님'과 '아버지'는 서로 병존할 수 있는 단어가 아니다. 하나님의 절대성 때문이다. "우리와 질적으로 전혀 다른 전능하신 존재가 어떻게 유한한 존재의 아버지이실 수 있겠는가?" 하는 물음 때문이다. 그런데 주님은 우리에게 그 전능하신 하나님을 '아버지'라고 부르게 하셨다.

이것은 단순히 하나님을 '아버지'라고 부르라는 의미가 아니라, 우리가 놓쳤던 인간의 정체성에 대한 설명이 '아버지'라는 단어 안에 들어 있다는 말이다. '우리는 본래적으로 하나님의 자녀'이기 때문이다. 우리가 잊거나 간과한 정체성의 문제이다. 그러므로 기도란 종이 주인에게 탄원하는 것이 아니라, 아들이 아버지에게 말하는 인격적 관계의 대화인 것을 주님이 말씀하신 것이다. 주님이 우리에게 하나님을 '아버지'라고 부르도록 함으로

써, 그 관계와 대화의 시작을 일깨우신 것이다. 그러므로 '아버지'라고 부를 때 우리는 하나님과 우리의 관계를 깊이 생각해야 한다.

하나님이 우리 아버지이시다. 이 표현의 문제는 우리가 경험한 것에 따라 다르게 이해될 수 있는 아버지, 곧 엄한 표현으로서 아버지가 아님을 알아야 한다. 실제로 바울은 하나님 아버지와 우리와의 관계를 좀 더 자세히 덧붙여 설명하였다.

> 너희가 아들이므로 하나님이 그 아들의 영을 우리 마음 가운데 보내사 아빠 아버지라 부르게 하셨느니라 _갈 4:6

> 너희는 다시 무서워하는 종의 영을 받지 아니하고 양자의 영을 받았으므로 우리가 아빠 아버지라고 부르짖느니라 _롬 8:15

재미있게도 우리말로 읽을 때 '아빠'라는 단어는 그 당시 일상어인 아람어의 '압바'(ἀββά)와 발음이 거의 같다. 호칭에서 알 수 있듯이 하나님과 우리의 관계는 엄격한 아버지와 아들의 관계가 아니라 '아빠'라고 부를 수 있는 자연스럽고 친근한 관계임을 알아야 한다. 이처럼 우리와 하나님과의 관계는 절대적이고 초월적인 하나님이 내 안에 존재하실 수 있는 매우 은밀하고 개인적인 것임을 알 수 있다. '아빠'라고 부를 수 있으니 말이다. 그러니까 '아버지'는 문자적 표현이고 '아빠'는 언어적 표현임을 알 수 있다.

아빠 하나님

그러므로 "하늘에 계신 우리 아버지"라고 기도하게 함으로 주님은 하나님이 '아빠 아버지'가 되신다는 사실을 강조하신 것이다. 하나님이 정말로 나의 아버지 되심을 우리가 온전히 믿을 수 있다면, 우리가 놀라운 존재가 될 수 있음은 말할 것도 없다.

동네 한 귀퉁이에서 초등학교 1학년 정도 되어 보이는 꼬마가 몇 학년 더 되어 보이는 형에게 혼나고 있었다. 그러다가 그 아이의 울음소리를 듣고 아버지가 나오자 양상은 달라졌다. 그 아이가 나이가 훨씬 많은 형을 발로 차면서 싸움을 거는 것이었다. 두 말할 것도 없이, 그 아이의 담대함은 아버지가 계시다는 데서 시작된 것이다. 다윗이 골리앗 앞에서 그렇게 담대할 수 있었던 이유도 알고 보면 하나님에 대한 정확한 이해에서부터 시작되었다. '하나님이 아버지시니까.'

내가 '아빠 아버지'라고 부를 수 있는 것은 개인적인 은밀함을 지니고 있다는 뜻이다. 그러므로 제대로 아버지라 부를 수 있다면, 무엇보다 정확하게 인식된 관계로 부를 수 있다면, 우리는 다른 지평의 삶을 살 수 있을 것이다.

우리 아버지

또 하나 주시할 것은 '우리 아버지'라는 표현이다. 아버지라는 말은 분명히 개인적인 은밀함을 표현하는 것이지만, '나의 아버지'라고 가르치시지 않고 '우리 아버지'라고 기도하게 하신 이유를 주의해야 한다.

일반적으로 우리는 '우리 아버지'라는 표현을 하나님이 우리 모두의 하나님이시라는 의미로 해석한다. 당연히 하나님은 나만의 아버지가 아니라 우리 모두에게 동일한 하나님 아버지이시다. 하나님은 나를 위해 존재하시지만, 모든 형제들을 결코 편애하지 않으시고 동일하게 사랑하시는 분이시다. 그런데 우리가 이 사실을 놓친다. 어쩌면 우리의 기도가 막히는 이유 중에 하나는 '우리'를 회복하지 못하고 자신을 다른 사람들과 분리한 채, 자신만을 위한 예배와 소원에 집중하는 이기적인 신앙 때문인지도 모른다.

사실 주님은 우리의 기도와 예배 행위보다 형제들과의 화목을 강조하셨다. 그래서 주님은 우리가 예배하다가 형제들과 불화한 일이 혹시 생각나면 형제들과 먼저 화목을 회복한 후에 예배드릴 것을 요청하셨다.

> ²³그러므로 예물을 제단에 드리려다가 거기서 네 형제에게 원망들
> 을 만한 일이 있는 것이 생각나거든 ²⁴예물을 제단 앞에 두고 먼저
> 가서 형제와 화목하고 그 후에 와서 예물을 드리라 _마 5:23-24

잊지 말아야 할 것은 우리가 예배와 기도를 드리기 때문에 주
님이 무조건 좋아하시는 것이 아니라는 점이다. '우리'가 회복되
지 않은 공동체 혹은 개인의 예배라면 별로 의미 없는 예배, 우리
의 기도 역시 별로 실효성이 없는 기도가 될 수 있다.

그래서 하나님은 우리가 함께 드리는 기도를 좋아하시고, 형제
자매들을 위해 기도하는 것을 좋아하신다. 오순절 성령의 충만함
을 받을 때에도 그 핵심에는 "더불어 마음을 같이 하여 전혀 기도
에 힘"(행 7:14)쓴 것에 있었다. 함께 기도하였던 것이다. '우리'가
회복되었다는 말이다.

이처럼 '우리'가 회복될 때 우리에게 말할 수 없는 능력이 생긴
다고 주님은 가르치셨다. 심지어 두세 사람이 모여 기도하더라도
하늘과 땅을 움직일 수 있는 기도가 된다고 말씀하셨다.

> ¹⁸진실로 너희에게 이르노니 무엇이든지 너희가 땅에서 매면 하늘

에서도 매일 것이요 무엇이든지 땅에서 풀면 하늘에서도 풀리리라 ¹⁹진실로 다시 너희에게 이르노니 너희 중의 두 사람이 땅에서 합심하여 무엇이든지 구하면 하늘에 계신 내 아버지께서 그들을 위하여 이루게 하시리라 ²⁰두세 사람이 내 이름으로 모인 곳에는 나도 그들 중에 있느니라 _마 18:18-20

여기에서 '너희'는 분명히 2인칭 복수로 쓰였다. 그러므로 '우리'가 모일 때 거기에 이미 기도의 능력이 있다는 말이다. "두 사람이 땅에서 합심하여 무엇이든지 구하면 하늘에 계신 내 아버지께서 저희를 위하여 이루게 하시리라." 야고보서 기자는 이같은 인식에 기초하여 매우 중요한 말을 하였다.

¹⁴너희 중에 병든 자가 있느냐 그는 교회의 장로들을 청할 것이요 그들은 주의 이름으로 기름을 바르며 그를 위하여 기도할지니라 ¹⁵ 믿음의 기도는 병든 자를 구원하리니 주께서 그를 일으키시리라 혹시 죄를 범하였을지라도 사하심을 받으리라 ¹⁶그러므로 너희 죄를 서로 고백하며 병이 낫기를 위하여 서로 기도하라 의인의 간구는 역사하는 힘이 큼이니라 _약 5:14-16

'우리 기도'가 분리된 교회, 곧 분리된 우리의 문제임을 알 수

있다. 결국 기도가 응답되지 않는 이유는 우리들이 분열돼 있기 때문이고, '우리'를 이루지 못한 채 매우 개인적이고 이기적이며 과시적인 기도를 드리기 때문임을 알아야 한다. 그러므로 교회의 힘이란 마음을 함께 하는 '우리 기도'의 힘인 것은 두말할 것도 없다. 먼저 '우리'라는 공동체가 있어야 하고, 함께 기도로 목숨을 건 지체들이 있어야 한다. 그러면 당연히 아름다운 교회가 될 수밖에 없고, 능력의 교회가 될 수밖에 없다.

우리와 예수의 아버지

또 한 가지 놓치지 말아야 할 것은 '우리 아버지'라고 기도하게 가르치신 분이 주님이란 사실이다. 그러므로 '우리 아버지'라는 표현은 단순히 우리만을 말하는 것이 아니라 예수님도 포함한다. 예수님께서 '우리 아버지'라고 부르며 기도하라고 하셨기 때문이다. 그러므로 하나님은 바로 '나와 우리 그리고 예수'의 아버지로서 '우리 아버지'이시다.

그래서 우리가 이 기도를 드릴 때 우리는 우리 곁에 계신 예수 그리스도를 경험할 수밖에 없다. 우리가 분명 홀로 기도할지라도, 그때는 혼자 기도하는 것이 아니라 주님도 함께 계신 것이다. 세상 끝날까지 우리를 절대로 떠나지 않으신다는 예수님의 말씀에 대한 확증이기도 하다. 그러므로 우리가 기도할 때 주님도 같이 기도하신다. 아니, 우리가 기도하기 전에 먼저 주님이 우리를 위해 기도하고 계신다. 이것을 잊어서는 안 된다.

> 누가 정죄하리요 죽으실 뿐 아니라 다시 살아나신 이는 그리스도 예수시니 그는 하나님 우편에 계신 자요 우리를 위하여 간구하시는 자시니라 _롬 8:34

그러므로 "하늘에 계신 우리 아버지여"는 다음과 같이 풀어 기도할 수 있다.

온 우주 만물, 이 땅뿐만 아니라 천지와 하늘나라까지 주관하시고, 우리 마음속을 포함하여 세밀한 부분까지 아시고 거하시는 하나님 우리 아버지, 그러나 나의 아빠 아버지. 하지만 우리 모든 형제자매들의 아버지 그리고 우리가 기도할 때 우리와 함께하시는 예수 그리스도와 우리 아버지시여!

이 기도를 드리면서 그동안 부족했던 하나님과의 관계를 깊이 생각해보고 어떻게 영적인 추구를 해야 하는지를 기도로 적어보십시오. 혹시 육신의 아버지와의 관계가 걸림이 되고 있다면, 아버지와 어머니를 위한 기도를 함께 적어 기도하십시오.

_____

_____

_____

_____

_____

_____

_____

_____

새롭게 풀어쓴 주기도문

하늘에 계신 우리 아버지여,
온 우주 만물, 이 땅뿐만 아니라 천지와 하늘나라까지 주관하시고,
우리 마음속을 포함하여 세밀한 부분까지 아시고 거하시는 하나님
우리 아버지, 그러나 나의 아빠 아버지. 하지만 우리 모든 형제자매
들의 아버지, 그리고 우리가 기도할 때 우리와 함께하시는 예수 그
리스도와 우리 아버지시여!

2장

—

이름이
거룩합니다

이름이 거룩히 여김을 받으시오며

_마 6:9

"하늘에 계신 우리 아버지여."

전능하신 하나님이 우리의 아버지가 되신다는 것은 기도의 가장 중요한 전제이다. 이같은 전제 아래 주님은 다음 기도를 가르치셨다.

"이름이 거룩히 여김을 받으시오며."

'이름'이 거룩한 이유

우리가 신앙을 시작할 때 제일 먼저 접하는 것은 '하나님'이라는 이름이다. 그리고 신앙의 초보 단계에서는 하나님이란 이름을 나의 개인적인 소원과 필요를 들어주는 대상으로 이해한다. 처음에는 이처럼 기복적으로 하나님을 이해한다. 물론 이런 생각이 틀린 것은 아니다. 주님은 분명 우리에게 "오늘 우리에게 일용할 양식을 주시옵고"라고 기도하라고 하셨기 때문이다.

실제로 우리가 예수를 믿고 하나님의 자녀가 될 때 축복은 당연하다. 하나님이 우리에게 필요한 것을 아시기 때문이다. 이 문제는 우리의 최대 관심사이기도 하다. 물론 주님은 그것을 알고 계신다. 그래서 주님이 주기도문을 가르치신 후에 하신 보충 설명이 물질적 삶과 태도에 대한 것이었다.

> 31 그러므로 염려하여 이르기를 무엇을 먹을까 무엇을 마실까 무엇을 입을까 하지 말라 32 이는 다 이방인들이 구하는 것이라 너희 하늘 아버지께서 이 모든 것이 너희에게 있어야 할 줄을 아시느니라 33 그런즉 너희는 먼저 그의 나라와 그의 의를 구하라 그리하면 이 모든 것을 너희에게 더하시리라 _마 6:31-33

주님은 우리의 이같은 성향을 아셨다. 가만히 두면 우리 기도의 초점이 세상과 물질로 향하는 것을 아신 것이다. 그래서 주님이 우리에게 하나님과 관계가 없는 이방인들이 구하는 것과 다른 기도를 요청하신 것이다. 우리는 하나님의 자녀이기 때문이다. 그렇다면 그들이 구하는 것과 다르게 구해야 하는 '다른 것'은 무엇인가?

하나님은 처음 자신을 드러내실 때 먼저 이스라엘에게 자신의 이름을 드러내셨는데, 하나님의 이름 '여호와'는 하나님이 존재하는 방식이셨다. 그러므로 하나님의 이름을 함부로 부르는 것은 하나님을 더럽히는 행위로, 곧 죽음을 의미했다. 그래서 이스라엘 백성은 하나님의 이름 '여호와'를 입에 올릴 수조차 없었다. 혹여 여호와의 이름을 부를 수 있는 것도 일년에 한번 대제사장이 거룩한 옷을 입고서 양의 피를 바르고 지성소에 들어갔을 때만 가능했다. 심지어 성경을 읽다가 '야웨'(야훼) 곧 '여호와'란 이름이 나오면 모두 '아도나이', 곧 '주'(主)라고 바꿔 읽었다.

이름이 능력이다

그렇다면 왜 이처럼 하나님의 이름을 함부로 부르지 못하게 한 것일까? 그것은 이름 역시 본체와 동일하기 때문이다. 그래서 하나님은 십계명을 주실 때 세 번째 계명을 이름과 관련시키셨다.

너는 네 하나님 여호와의 이름을 망령되게 부르지 말라 여호와는
그의 이름을 망령되게 부르는 자를 죄 없다 하지 아니하리라 _출 20:7

망령되이 부르지 못하게 한 이유는 하나님의 이름이 단순한 이
름이 아니라 그 자체로 능력이기 때문이다. 그래서 예수님도 그
이름에 능력이 있음을 제자들에게 가르치셨고, 그 이름을 사용하
라고 말씀하셨다.

17믿는 자들에게는 이런 표적이 따르리니 곧 그들이 내 이름으로
귀신을 쫓아내며 새 방언을 말하며 18뱀을 집어올리며 무슨 독을
마실지라도 해를 받지 아니하며 병든 사람에게 손을 얹은즉 나으
리라 하시더라 _막 16:17-18

제자들은 그 이름에 능력이 있다는 것을 확실하게 믿었다. 바
울 역시 그 이름에 부요와 구원이 있다고 가르쳤다.

12유대인이나 헬라인이나 차별이 없음이라 한 분이신 주께서 모든
사람의 주가 되사 그를 부르는 모든 사람에게 부요하시도다 13누구

든지 주의 이름을 부르는 자는 구원을 받으리라 _롬 10:12-13

오순절 사건 이후 예루살렘 저잣거리에 선 베드로가 한 일이 바로 그 이름을 증거하는 것이었다. 그는 이름의 비밀을 선포하였다.

누구든지 주의 이름을 부르는 자는 구원을 얻으리라 _행 2:21

뿐만 아니라 베드로는 그 이름에 실제적인 능력이 있다는 것을 확인하였다. 베드로가 미문에 앉아 있는 앉은뱅이를 일으킬 때 사용한 것이 바로 주님의 이름이었다.

6베드로가 이르되 은과 금은 내게 없거니와 내게 있는 이것을 네게 주노니 나사렛 예수 그리스도의 이름으로 일어나 걸으라 하고 7오른손을 잡아 일으키니 발과 발목이 곧 힘을 얻고 8뛰어 서서 걸으며 그들과 함께 성전으로 들어가면서 걷기도 하고 뛰기도 하며 하나님을 찬송하니 _행 3:6-8

이름에 능력이 있다! 옳다. 하지만 그 이름을 부른다고 아무에게나 놀라운 일이 일어나는 것은 아니다. 이름을 부를 수 있는 자가 이름을 불러야 한다. 주님과 무슨 관계가 있어야 한다. 그러므로 바울이나 베드로가 예수 이름을 부를 때 능력이 나타난 것은 그들이 예수님의 이름을 사용할 수 있는 사람, 곧 주님과 관계가 있는 사람이고 하나님의 자녀이기 때문이다.

우리 기도에 능력이 없는 이유

그러므로 우리 기도에 능력이 없는 이유는 주님과 관계가 확실하지 않기 때문이다. 무엇보다 먼저 우리 자신이 하나님의 자녀라는 사실을 의심하고 있다.

우리는 주님을 믿으면서도 언제나 의심한다. 그런 우리를 위해서 역사하시는 분이 성령님이시다. 성령께서 우리 안의 영을 감동시켜 하나님을 아버지라 부를 수 있게 하시기 때문이다.

> 너희가 아들이므로 하나님이 그 아들의 영을 우리 마음 가운데 보내사 아빠 아버지라 부르게 하셨느니라 _갈 4:6

성령의 감동으로 우리도 하나님 아버지의 이름을, 우리 주 예수의 이름을 부를 수 있는 확신이 생긴 것이다. '아빠 아버지'라고 부르는 것, '예수'의 이름을 부르는 것 자체가 권세다. 그러므로 우리가 언제부터인가 잃어버린 이 권세를 사용하게 하시기 위해 주님이 이 기도를 가르치신 것이다. 우리가 소홀히 여기고 함부로 사용했던 하나님의 이름을 다시 확인하고 누리게 하시려는 것이다.

하지만 주의할 것이 있다. 여전히 하나님의 이름은 거룩하시다는 사실이다. 그러므로 우리가 이제 하나님의 이름을 부를 수는 있어도, 구약의 사람들이 하나님을 의식한 것처럼 우리도 하나님의 이름을 구별하고 의식해야 한다.

여전히 하나님의 이름은 거룩해야 한다. 파스칼이 한 이야기로 다시 바꾸면 이렇게 말할 수 있다.

"하나님의 이름을 거룩하게 한다는 것은 하나님을 하나님으로서 대접한다는 것을 의미한다"(이동원, 이렇게 기도하라, 50).

'하나님의 이름은 거룩하시다.' 그러므로 거룩한 이들, 곧 거룩한 것에 사로잡힌 하나님의 자녀들만이 하나님의 이름을 부를 수 있다는 것을 잊지 말아야 한다. 세속적 욕망을 이루기 위해서가 아니라 거룩한 하나님의 뜻을 따라 하나님을 구해야 한다는 말이다.

분명 하나님의 이름에 권세가 있지만, 그것을 세속적 욕망을 구하는 데 쓰는 것이라면 이미 의미 없는 이름이 되는 것이고 망령되이 일컫는 것임을 알아야 한다. 거룩함이 배제된 상태에서 부르는 하나님의 이름은 천박하고 일상적인 보통명사이며, 능력이 없는 이름에 불과하기 때문이다.

우리는 분명 능력의 근원이신 하나님의 이름을 부를 수 있다. 그래서 친근하게 아빠 아버지로 부르지만, 동시에 그 이름이 거룩해져야 한다는 것의 의미는 두려움을 가진 친근함으로 하나님 앞에 나아가야 한다는 뜻이다.

온 세상의 하나님

'거룩히 여김을 받다'로 번역된 동사 '하기아조'(ἁγιάζω)는 '거룩하게 하다, 신성하게 하다'(make holy, sanctify)라는 뜻을 갖고 있는데, 헬라어 성경에서는 '하기아스테이토'(Ἁγιασθήτω)라는 명령법 미래 수동태로 쓰여 있다는 점을 주목해야 한다. 수동태로 쓰였다는 것은 그 의미가 누군가에 의해 이름이 거룩하게 되어야 한다는 뜻이다. 즉, 누군가가 하나님을 거룩하게 해야 한다는 뜻이다. 그렇다면 누구에 의해 하나님은 거룩하게 여김을 받게 되시는가? 공동번역이 이해하기 쉽게 번역했다.

> "하늘에 계신 우리 아버지, 온 세상이 아버지를 하느님으로 받들게 하시며"_1968년 구성된 신구교 공동번역 위원회가 1977년에 발간한 번역본.

1968년 구성된 신구교 공동번역 위원회가 이 부분을 번역하면서, 그 '누군가'를 '온 세상'이라고 번역하였다. 적절한 이해다. 하나님은 유대인 혹은 일부 크리스천들이 아니라 모든 열방, 모든 민족, 모든 백성들로부터 거룩히 여김을 받으셔야 하는 것이 당연하다. 여호와는 하나님이시기 때문이다.

그러므로 우리는 이 기도를 통해 하나님께서 온 세상에 의해 영광 받기 원하신다는 것을 알 수 있다. 모든 사람에 의해 하나님께서 영광을 받으시는 것, 곧 "여호와를 인정하는 것이 온 땅에 가득"(합 2:14)하게 되는 것이 하나님의 마음이고 뜻이라는 사실이다. 또한 그것은 온 세상 사람들이 구원에 이른다는 의미이기도 하다. 그러면 당연히 이런 질문이 생긴다.

"어떻게 온 세상이 하나님을 거룩하게 여길 수 있는가?"

물리적으로 온 세상이 하나님을 거룩하게 여기게 되는 것은 누군가의 전파가 반드시 있어야 가능하다. 그러므로 주님은 이 기도를 통하여 우리가 해야 할 사역을 말씀하고 계시다. 즉, 주님이 우리에게 선교사역의 이유와 목적을 기도하게 하신 것이다. 우리가 복음의 도구가 되어 하나님의 영광을 온 세상에 드러내는 것, 그래서 모든 사람이 하나님을 거룩하게 여기는 사건이 이루어지기를 기도하게 하신 것이다. 사실 이것이 우리의 존재 목적이다. 그래서 바울은 이렇게 고백하였다.

내가 복음을 전할지라도 자랑할 것이 없음은 내가 부득불 할 일임
이라 만일 복음을 전하지 아니하면 내게 화가 있을 것이로다

_고전 9:16

그러므로 우리는 "이름이 거룩히 여김을 받으시오며"라고 기
도할 때 우리가 해야 할 선교의 의지를 다져야 한다. 그분의 이
름이 선포될 때만 구원이 시작되고 하나님의 나라가 이루어지기
때문이다.

동시에 우리가 주의 깊게 보아야 할 것은 이 말씀의 시제가 '미
래형'이라는 점이다. 그러니까 지금 당장 하나님께서 모든 민족
과 백성들로부터 높임 받는 것은 아니지만 언젠가는 그 영광이
이루어질 것이라는 뜻이다. 분명 그 날은 도래한다. 하나님의 이
름이 온 세상에 의해 드러날 것이다. 그 놀라운 미래적 성취를 위
해 우리가 부름 받았음을 잊지 말고 기도할 것을 주님이 가르치
신 것이다.

그러므로 "이름이 거룩히 여김을 받으시오며"는 다음과 같이
풀어 기도할 수 있다.

여호와, 하나님 아버지의 이름은 그 이름만으로 거룩하시고
높으시오니, 아버지의 이름이 우리의 사역을 통하여 온 세상

사람으로부터 높임과 거룩히 여김을 받으시오며, 물이 바다를
덮음같이, 구원이 온 땅에 가득하기를 기도합니다.

이 기도를 드리면서 내 삶에서 드려야 할 구체적인 선교적 관점에서의 기도를 적으십시오. 특히 구체적으로 선교사와 선교의 대상이 되는 이들을 적고 이 기도와 함께 기도하십시오.

새롭게 풀어쓴 주기도문

하늘에 계신 우리 아버지여,
온 우주 만물, 이 땅뿐만 아니라 천지와 하늘나라까지 주관하시고,
우리 마음속을 포함하여 세밀한 부분까지 아시고 거하시는 하나님
우리 아버지, 그러나 나의 아빠 아버지. 하지만 우리 모든 형제자매
들의 아버지, 그리고 우리가 기도할 때 우리와 함께하시는 예수 그
리스도와 우리 아버지시여!

이름이 거룩히 여김을 받으시오며,
여호와, 하나님 아버지의 이름은 그 이름만으로 거룩하시고 높으시
오니, 아버지의 이름이 우리의 사역을 통하여 온 세상 사람으로부터
높임과 거룩히 여김을 받으시오며, 물이 바다를 덮음같이, 구원이
온 땅에 가득하기를 기도합니다.

3장

|

하나님 나라가
내 안에

나라가 임하시오며

_마 6:10

"하늘에 계신 우리 아버지여"라는 기도에서는 우리가 기도할 때 온 우주 만물을 지으신 하나님이 우리 아버지이심을 인정하는 감사와 찬양을 드려야 하고, "이름이 거룩히 여김을 받으시오며"에서는 그분의 이름이 높임 받기 위하여 우리가 이루어야 할 선교 사명과 그분의 은혜에 대해 기도해야 함을 알았다.

이 두 가지 기도가 우리 존재의 근거를 확인해주는 기도라면, 세 번째 기도인 "나라가 임하시오며"와 네 번째 기도인 "뜻이 하늘에서 이루어진 것같이 땅에서도 이루어지이다"는 하나님 나라의 백성과 자녀로서 정체성에 대한 답과 아울러, 어떤 목적이 우리를 이끌어야 하는지를 말해준다. 주님은 그 시작을 하나님 나라에 대한 이해로 시작하도록 가르치셨다.

"나라가 임하시오며,"

이미 이뤄진 하나님 나라

우리가 하나님 나라에 대한 기도를 생각할 때 반드시 알아야 할 것은 이미 이 땅에 하나님의 나라가 이루어졌다는 사실이다.

하지만 간혹 엉뚱하게, 이 기도를 하나님과 사탄의 영적 전쟁, 곧 세력을 확장해가려는 사탄의 나라와 하나님 나라의 싸움 같은 것으로 설명하는 이들이 있다. 이같은 생각은 아직도 이 땅 어느 곳에 하나님의 주권이 미치지 않거나 약한 곳이 있다는 오해를 하게 한다. 매우 잘못된 생각이다. 이미 하나님의 나라가 이루어졌다. 하나님이 통치하지 않으시는 곳은 존재하지 않는다. 그런 의미에서 '하나님 나라가 임하시오며'라는 기도는 모순처럼 보인다.

그렇다면 주님이 이렇게 기도하라고 하신 이유는 무엇일까? 이 질문에 대답하기 위하여 우리는 주님이 가르쳐주신 "나라가 임하시오며"에서 나라가 어떤 나라를 의미하며, 어디에 임하기를 기도하라고 하신 말씀인지 자세히 살펴볼 필요가 있다.

먼저, 주님이 말씀하고 계시는 나라는 어떤 나라를 말하는 것일까? 헬라어 성경은 분명히 '바실레이아 수'(βασιλεία σου), 직역하면 '당신의 왕국, 당신의 나라'라고 쓰고 있다. 두말할 것도 없이 '당신의 왕국'은 하나님의 나라를 말한다. 그러므로 이 기도는 하나님 우리 아버지의 왕국이 이루어지길 기도하라는 말씀이다.

그렇다면 구체적으로 하나님의 나라가 어디에 이뤄지기를 기도하라는 것일까? 공간적 개념으로 말한다면, 하나님의 나라는 '이 세상 가운데' 혹은 '우리들 가운데' 등으로 좁혀 말할 수 있다. 그러나 앞에서 설명한 것처럼 공간적 개념에서 볼 때 하나님께서 이 세상 어디에도 계시지 않은 곳은 없다. 하나님은 만유, 곧 모든 것 가운데 계시는 만유의 하나님이시기 때문이다.

하나님도 한 분이시니 곧 만유의 아버지시라 만유 위에(over all) 계시고 만유를 통일(through all)하시고 만유 가운데(in all) 계시도다
_엡 4:6

하나님은 만유의 아버지이시다. 그런 까닭에 모든 것 곧 만물은 하나님의 것이며 하나님을 거부하지 않는다. 그것들은 모두 하나님에게 속하여 있다.

> 우리 주 하나님이여 영광과 존귀와 권능을 받으시는 것이 합당하오니 주께서 만물을 지으신지라 만물이 주의 뜻대로 있었고 또 지으심을 받았나이다 _계 4:11

그런 까닭에 모든 만물은 하나님을 품고 있으며 하나님을 드러낸다.

> 창세로부터 그의 보이지 아니하는 것들 곧 그의 영원하신 능력과 신성이 그가 만드신 만물에 분명히 보여 알려졌나니 _롬 1:20

이처럼 이미 하나님 나라는 이루어졌고, 그 어떤 것도 어떤 존재도 하나님 나라에 대항할 수 없다. 왜냐하면 이 세상에 하나님의 통치가 이루어지지 않는 영역은 존재하지 않기 때문이다. 그러므로 하나님이 통치하지 못하고 사탄이 지배하는 세상이 어느 구석엔가 존재하여서, 이제 영적 전쟁이 벌어져야 한다는 개념은 잘못된 이해이다.

하나님 나라가 내 안에

하나님의 나라는 이미 모든 세상에 선포되었고 이루어졌다. 단지 하나님의 통치를 받아들이는가 아닌가 하는 문제만 있을 뿐이다. 그런데 온 우주 만물은 하나님을 인정한다.

그러므로 문제는 사람의 문제로 좁혀진다. 우리가 선악과나무 사건에서 본 것처럼 인간은 하나님을 거부하고 대적할 수 있는 선택이 가능한 존재이다. 하나님이 당신의 형상으로 인간을 창조하셨다는 말은, 하나님이 되고 싶은 마음을 가질 수 있을 만큼의 신적 존재가 곧 인간이란 뜻이다. 하나님이 우리를 그렇게 대단한 존재로 창조하셨다. 시편 기자는 인간을 이렇게 표현하였다.

그를 하나님보다 조금 못하게 하시고 영화와 존귀로 관을 씌우셨나이다 _시 8:5

인간은 하나님의 통치를 거부할 수 있는 존재이다. 그러므로 "나라가 임하시오며"의 핵심은 하나님이 통치하심을 인정하지 않는 사람의 문제임을 알 수 있다. 실제로 인간의 역사를 볼 때, 그같은 사람들이 모여 권력을 이루고 강력한 힘을 구사했다.

인간은 그들이 만든 문화와 생각 속에 강력한 의지를 심어놓았다. 심지어 인간은 신을 만들었다. 그것이 우상이다. 인간의 능력으로 하나님 앞에 지푸라기 같은 존재인 귀신, 소위 말하는 사탄의 영역을 정당화시킨 것이다. 그 집단적 세상과 사상 혹은 권력이 하나님을 대적할만한 세력으로 보이는 것이다. 이것이 영적 전쟁의 논리가 나오게 되는 빌미가 되었다.

하지만 이것은 빛과 어두움의 문제일 뿐이다. 우리가 하나님 안에 거할 때, 즉 빛에 거할 때 어두움은 자동적으로 물러가는 것이고, 우리 생각 안에 남아있을지라도 우리가 대적하면 그 즉시 사라지는 것에 불과하다. 그래서 야고보서 기자는 이렇게 말하였다.

그런즉 너희는 하나님께 복종할지어다 마귀를 대적하라 그리하면 너희를 피하리라 _약 4:7

'마귀를 대적하면' 물러간다. 당연히 하나님의 자녀들은 권세를 가진 빛의 자녀들이기 때문이다. 그런데 실제는 그같은 권세를 사용하지 못한다. 오히려 두려움으로 살아간다. 하나님의 자녀로서의 정체성이 분명하지 않기 때문이다. 하나님 나라가 온전히 이뤄지지 않은 존재이기 때문이다. 그렇다면 왜 아직도 우리 안에 온전히 하나님 나라가 이뤄지지 않는 것인가?

'나라'로 번역된 '바실레이아'(βασιλεία)는 왕국, 주권, 통치, 왕권이라는 뜻이 있다. 즉, '바실레이아'라는 말 속에는 하나님이 통치하시고 왕이 되신다는 의미가 포함되어 있다. 그러므로 주님이 말씀하신 "나라가 임하시오며"를 풀어쓰면 "하나님의 통치가 실행되는 나라가 임하시오며"라고 할 수 있다. 즉, "하나님만이 우리 왕이시다"라는 고백이 된다. 이 고백은 당연한 것이어야 한다.

하지만 성경은 인간의 역사를 기록할 때 하나님의 왕 되심을 인정하지 않고 자신이 왕이 되고자 하는 시도의 역사로서 기술한다. 인간의 첫 번째 타락 사건인 선악과나무 사건도 인간이 스스로 주인이 되고자 하는 시도의 결말이었고, 바벨탑을 쌓은 것도 하나님 없이 살고자 하는 인간의 욕구의 산물이었다. 물론 이 세상의 종말도 666, 곧 인간이 중심이 되어 하나님을 상실하고 살아갈 때라고 요한계시록은 적고 있다.

이처럼 우리 인간 역사의 중심에는 늘 하나님 없이 자신이 왕이 되고자 하는, 이른바 욕망이라는 열차에 탄 사람들의 이야기들로 가득 차 있다. 그것을 주님이 아셨다. 그래서 어떤 종류의 기도보다, 하나님을 위한 어떤 종류의 사역이나 역사보다 먼저 하나님의 통치가 삶 속에 이루어지는 것이 중요하다는 것을 강조하신 것이다. 만일 이 일이 이루어지지 않는다면 잠시 좋아 보일

지는 모르지만, 결국은 자기에게 갇혀 하나님을 배반하고 인간 중심의 삶을 살게 되며 종말에 이르게 될 것을 아신 것이다.

그러므로 아무리 좋은 계획을 세우고 대단한 일을 꿈꿀지라도, 하나님의 통치가 온전히 이루어지지 않은 존재라면 위험하다. 심지어 두 번째 기도처럼 복음을 증거하고 선교사역을 하는 일이라 할지라도, 우선되는 것은 하나님이 나의 왕이 되는 것이다. 그러므로 '하나님의 나라가 먼저 내 안에 이뤄져야 한다.'

자신이 왕이 되려는 역사

인간의 역사란 하나님 없이 자신이 왕이 되고자 하는 역사라 해도 틀리지 않다. 그러므로 온전히 하나님의 통치가 이뤄지지 않았다면, 인간은 하나님의 일을 하면서도 자신의 욕망을 좇을 수 있는 존재가 될 수 있다. 하나님을 선포하는 설교자가 동시에 더러운 음행을 할 수 있고, 주님을 위해 일한다고 하면서 동시에 폭력과 이기심으로 무장한 사역도 가능하다.

더 큰 문제는 언제 변질되었는지도 모른 채 변질될 수도 있다는 것이다. 실제로 우리가 알고 있는 상당수 목사들이 변질이 이뤄진 채 여전히 하나님의 사역을 했고, 지금도 하고 있다. 위선이라고 치부할 수도 있으나, 위선이 아니라 수없는 합리화로 인한

변질이라 해야 옳다. 죄의 심각성을 느끼지 못할 만큼 변질된 것
이다. 그래서 바울은 이같은 경향을 걱정하며 늘 자신을 경계하
는 삶을 살았다.

> 내가 다른 사람들에게 멋있게 복음을 전하였고 사람들은 열광하며
> 복음을 받아들였습니다. 그들 모두 그 복음의 신비 가운데서 구원
> 의 목표에 이릅니다. 그런데 어이없게도 나는 내가 전한 복음의 기
> 준대로 살지 않으므로 자격미달이 되어 탈락하는 것입니다. 그것
> 이 나는 두렵습니다. _고전 9:27, 하정완의 역

나, 곧 몸의 문제였다. 그러므로 주님의 기도는 내 안에, 구체적
으로 내 몸에 하나님 나라가 이뤄지길 기도하라는 말씀임을 알
수 있다. 우리가 우리 자신을 절대 과신할 수 없기 때문이다.

그러므로 "나라가 임하시오며"는 다음과 같이 풀어 기도할 수
있다.

> 하지만, 내가 나를 신뢰할 수 없습니다. 만유의 주 되신 하나님
> 께서 왕으로 통치하시는 나라가 내 몸과 마음 안에도 이뤄지
> 길 원합니다. 초청하오니, 내 안에 임하셔서 나의 주가 되시고
> 다스려주옵소서.

내 삶의 자리에서 드리는 기도

이 기도를 드릴 때, 가장 먼저 자신의 문제 특히 육체와 욕망의 문제, 물질과
권력 그리고 명예 같은 세상적인 것들에 얽힌 자신의 문제들을 적고 하나님의
긍휼을 구하는 기도를 이 기도와 함께 드리십시오.

새롭게 풀어쓴 주기도문

하늘에 계신 우리 아버지여,
온 우주 만물, 이 땅뿐만 아니라 천지와 하늘나라까지 주관하시고,
우리 마음속을 포함하여 세밀한 부분까지 아시고 거하시는 하나님
우리 아버지, 그러나 나의 아빠 아버지. 하지만 우리 모든 형제자매
들의 아버지, 그리고 우리가 기도할 때 우리와 함께하시는 예수 그
리스도와 우리 아버지시여!

이름이 거룩히 여김을 받으시오며,
여호와, 하나님 아버지의 이름은 그 이름만으로 거룩하시고 높으시
오니, 아버지의 이름이 우리의 사역을 통하여 온 세상 사람으로부터
높임과 거룩히 여김을 받으시오며, 물이 바다를 덮음같이, 구원이
온 땅에 가득하기를 기도합니다.

나라가 임하시오며,
하지만, 내가 나를 신뢰할 수 없습니다. 만유의 주 되신 하나님께서
왕으로 통치하시는 나라가 내 몸과 마음 안에도 이뤄지길 원합니다.
초청하오니, 내 안에 임하셔서 나의 주가 되시고 다스려주옵소서.

4장

하나님의 뜻이
이 세상 안에

뜻이 하늘에서 이루어진 것 같이
땅에서도 이루어지이다
_마 6:10

하나님 나라는 이미 이루어졌다. 하나님이 우리 모든 만물을 다
스리고 계시기 때문이고, 하나님이 다스릴 수 없는 곳은 존재하
지 않기 때문이다.

이미(already) 하나님 나라가

우리는 하나님의 나라가 우리 안에 이루어지길 기도하라는 주님의 가르침을 "나라가 임하시오며"라는 기도에서 먼저 배웠다. 주님은 이어서 "뜻이 하늘에서 이루어진 것 같이 땅에서도 이루어지이다"(마 6:10)라고 기도하라고 하셨다. 얼핏 보면 이 기도는 "나라가 임하시오며"와 중복되는 느낌이 들 수 있다.

하지만 자세히 살펴보면 뭔가 약간 다른 것을 발견할 수 있다. "나라가 임하시오며"라는 기도에서 우리는 '나라'가 그 앞의 기도인 "하늘에 계신 아버지여"의 하늘과 연관된다는 사실을 알았다. 즉, "하늘에 계신 우리 아버지여"에서 '하늘'은 복수형 '우라노이스'로 쓰여 '온 우주 만물', 즉 이 땅뿐만 아니라 천지와 하늘나라, 심지어 우리의 '마음속까지 포함한 모든 것'임을 살폈다.

그런데 "뜻이 하늘에서 이룬 것같이 땅에서도 이루어지이다"에서 '하늘'은 복수형이 아니라 단수형인 '우라노스'(οὐρανός)를 쓰고 있다. 일반적으로 헬라어 표현에서 단수일 때는 복수일 때와 달리 '땅'이라는 '게'(γῆ)와 함께 쓰이고, 그 의미도 하나님의 나라, 즉 천국을 의미하기보다 이 '땅'과 대조하는 의미로서의 '하늘', '공중'으로 쓰인다. 그러니까 주님은 바로 '하늘'을 천국으로서의 하나님 나라가 아니라 협의적인 의미의 '하늘', '공중'으로 제한하여 설명한 것임을 알 수 있다.

그렇다면 주님은 왜 이렇게 구분하신 것일까? 그리고 기도 역시 "뜻이 하늘에 이루어진 것 같이"라고 하라고 가르치심으로 하나님의 뜻을 강조하셨는데, 왜 이렇게 표현하신 것일까?

이같은 주님의 가르침은 그 당시 뿌리깊게 자리잡은 신화와 관계가 있다. 지금도 그렇지만, 그 당시 사람들 안에는 '용'으로 대표되는 '악'과 '하나님'으로 대표되는 '선'과의 싸움이라는 묵시문학적인 그림이 있었다. 이것들은 주로 신화적으로 표현되었다. 그 과정에서 마치 하나님을 대적할 수 있는 실제적인 힘이 있는 것처럼 묘사되었다.

하지만 성경은 사탄 혹은 악마 등을 묘사할 때 절대로 하나님과 실제로 대적할 수 있는 실제적인 힘이라고 말하지 않는다. 성경은 사탄을 '시험하는 자'(마 4:3; 살전 3:5), '꾀는 자'(계 12:9), '거짓의 아비'(요 8:44)처럼 미혹하는 자로 표현할 뿐이다. 하나님을 대적할 수 있는 존재로 말하지 않는다.

> 큰 용이 내쫓기니 옛 뱀 곧 마귀라고도 하고 사탄이라고도 하며 온 천하를 꾀는 자라 _계 12:9

분명한 것은, 그들의 힘은 우리를 속이고 미혹하거나 꾀는 정도이지, 절대로 우리들에게 실제적인 힘을 가할 수 없다. 왜냐하면 우리는 예수를 믿음으로 하나님의 자녀가 되었고, 하나님의 통치를 받는 하나님 나라의 백성이 되었기 때문이다. 이것은 이미(already) 이루어진 일이다.

하지만 우리는 여전히 사람들이 걱정하는 사탄의 문제에 직면한다. 하나님을 대적하는 실제적인 힘을 행사할 수 있는 사탄이 있다고 생각하는 신화적 사고 때문이다. 그같은 신화적 사고는 우리가 쉽게 이길 수 없는 존재로서 악한 영을 생각하게 만들었다. 또한 그런 생각이 사람들을 의심하게 만들었다. 이 세상이, 다시 말해 "하늘, 공중이 하나님의 뜻에 온전히 놓여 있느냐?"라고 의심하게 한 것이다. 하나님이 온전히 통치하지 못하고, 심지어 사탄이 지배하는 곳이 있다는 생각을 하게 했다.

이같은 오해는 바울이 에베소서 2장 2절에서 사탄을 말할 때 "공중의 권세 잡은 자" 등으로 쓴 것 때문이기도 하지만, 하늘(공중)을 아직도 완전히 멸해지지 않은 사탄의 세력이 존재하는 공간으로 이해하기 때문이다.

그러므로 네 번째 기도, "뜻이 하늘에서 이루어진 것같이 땅에서도 이루어지이다"(마 6:10)라는 기도는 아직도 하늘, 공중을 우리를 속이고 꾀는 사탄의 세력이 존재하는 공간으로서 여기는 이들에게 말씀하시는 기도이다.

사탄은 힘이 없다

사탄에게는 실제적으로 우리에게 위해(危害)를 가할 힘의 권세가 없다. 사탄이 역사할지라도, 그것 역시 유혹하는 정도이지 실제적 힘은 없다. 하나님이 동의하지 않으시면, 사탄은 결코 우리를 침노하거나 능욕할 수도 없다.

간혹 사탄의 힘을 말하는 근거로 욥을 시험한 사탄을 예로 드는 이들이 있지만, 자세히 살펴보면 욥을 시험한 사건에서도 역시, 사탄은 하나님이 허용한 범위 안에서만 제한적으로 시험할 수 있었다. 그러므로 사탄은 하나님의 동의 없이 우리를 위기로 몰아넣을 수 없다.

우리가 그분의 뜻을 따라 그리스도 예수를 구주로 영접할 때, 우리는 사탄 세력과의 모든 싸움에서 반드시 이기는 존재가 이미 되었다. 그래서 승리는 계획된 사건일 수밖에 없다. 성경은 이런 사실에 대하여 매우 분명하게 말한다.

그들이 어린 양과 더불어 싸우려니와 어린 양은 만주의 주시요 만왕의 왕이시므로 그들을 이기실 터이요 또 그와 함께 있는 자들 곧 부르심을 받고 택하심을 받은 진실한 자들도 이기리로다 _계 17:14

좀 더 분명하게, 요한은 요한계시록을 지은 이후 말년에 쓴 요한일서에서 그 싸움의 결과를 매우 분명하게 적었다.

자녀들아 너희는 하나님께 속하였고 또 그들을 이기었나니 이는 너희 안에 계신 이가 세상에 있는 자보다 크심이라 _요일 4:4

그러므로 우리에게 간혹 미혹케 하는 영이 다가올 때도 무서워할 필요가 없다. 그런 악한 영을 물리치는 방법은 간단하다. 사도 야고보가 매우 명확하게 제시하였다.

그런즉 너희는 하나님께 복종할지어다 마귀를 대적하라 그리하면 너희를 피하리라 _약 4:7

유사 이단인 성락교회에 다니는 한 자매가 내게 이런 이야기를 했다.

"나도 귀신을 내쫓는데, 귀신을 못 쫓아내는 목사가 우스워요."

얼핏 들으면 그럴 듯해 보인다. 하지만 그런 말에 주눅들 필요는 없다. 그때 나는 그 자매에게 이렇게 말했다.

"나는 한번도 귀신을 만나본 적이 없다. 그리고 내 앞에서 귀신이 역사한 적도 없다. 왜냐하면, 나는 권세를 가진 하나님의 자녀이기 때문이다."

실제로 당신이 귀신을 한 번도 본 적이 없다면 바로 이 이유 때문이다. 쉽게 말해서, 사탄은 우리에게 접근조차 할 수 없다. 우리에게 남은 것은 대적하는 것이고 물리치는 것뿐이다.

사실 이런 이야기를 언급하는 것도 웃기는 일이다. 김기동 같은 이가 스스로 귀신을 내쫓는 능력이 자신에게 있다고 주장하면서, 동시에 불의하고 세속적 욕망으로 꽉 차 있는 것을 우리는 보도를 통해 들었다. 그것이 사실이라면, 그 불의하고 세속적 욕망으로 꽉 찬 그는 누구의 이름으로, 무엇의 힘으로 귀신을 쫓아내는 것일까? 오히려 주님이 하신 말씀이 이런 경우를 두고 한 말씀이 아닌지 생각할 필요가 있다.

[22]그 날에 많은 사람이 나더러 이르되 주여 주여 우리가 주의 이름으로 선지자 노릇 하며 주의 이름으로 귀신을 쫓아 내며 주의 이름으로 많은 권능을 행하지 아니하였나이까 하리니 [23]그 때에 내가 그들에게 밝히 말하되 내가 너희를 도무지 알지 못하니 불법을 행하는 자들아 내게서 떠나가라 하리라 _마7:22-23

아직(not yet) 이 세상에는

하나님을 대적할만한 사탄의 권세는 원래부터 없었다. 그렇다면 왜 주님은 이같은 기도를 가르치신 것일까? 앞에서 살핀 것처럼, 하나님의 나라는 온 천지에 이미 이뤄졌다. 하지만 온전히 이뤄지지 않은 곳이 있다면 바로 인간 자신일 것이다. 그 인간이 하나님과 관계없이 자기주장과 죄로 살고 있기 때문이다.

더 놀라운 것은, 그들이 세상 문화를 주도하고 생산하고 있다는 것이다. 당연히 하나님과 관계없는 자들이 만들어내는 세상 문화 속에는 자기 이익과 주장으로 난무한 물질적인 것들이 내재될 수밖에 없다. 그래서 그것 때문에 이 세상에 불법과 죄악이 넘쳐나는 것이다. 우리가 정치, 경제, 교육, 법조, 의료 등 모든 분야에서 흐르는 불의한 시스템, 곧 세상의 방법들을 만나는 이유이다. 또한 크리스천 역시 그런 세상에서 살아가는 까닭에 영향을 받게 되었다.

그때에 너희는 그 가운데서 행하여 이 세상 풍조를 따르고 공중의 권세 잡은 자를 따랐으니 곧 지금 불순종의 아들들 가운데서 역사하는 영이라 _엡 2:2

'이 세상 풍조', 곧 '이 세상이 제시하는 길들'(the ways of this world, NIV)은 이 세상의 방법, 즉 시스템 같은 것이어서, 세상을 벗어나 사는 것은 불편하고 힘든 일이 될 수밖에 없다. 특히 물질과 성공을 위해 커지기만 하는 불의한 욕망의 세력들이 문화를 장악했기 때문에 더 힘들어지게 된다. 삶의 방식인 문화를 떠나 살지 못하는 것이 현실이기 때문이다.

이같은 세상에 대한 교회의 대책은 세상 문화를 적대적으로 대하는(against culture) 것이었다. 〈사탄은 대중문화를 선택했다〉라는 제목의 책처럼, 사탄이 세상 문화를 택했고 지금도 역사하고 있다고 강조하는 안티 뉴에이지(Anti-New Age) 운동을 펼쳤다. 이런 시도가 1990년대에 우리나라에서 강한 영향력을 끼쳤다. 세상 문화를 적대시하고 피하는 방법이 어느 정도 승리하는 것처럼 보이기도 했다.

하지만 시간이 지날수록 이같은 태도는 세상을 적대시함으로 스스로 고립과 퇴보를 낳았다. 뿐만 아니라 교회가 도외시한 세상 문화를 비신자들이 점유하면서 더 많은 문제를 발생하게 하였다. 지금 우리가 경험하듯이 영화, 방송, 연극, 심지어 문학과 음악과 미술 등 거의 모든 분야가 비신자들의 것이 되고 만 것이다. 그런데 기막힌 것은, 우리 역시 이 세상에서 사는 까닭에 그들이 만든 물질적이고 세속적인 세계관으로 생산된 문화를 누리며 살 수밖에 없다는 사실이다.

그런데 세상에서는 더 많은 이익을 얻기 위하여 그 문화의 내
용이 더 강력해지기 시작했다. 시간이 갈수록 엔트로피는 증가하
고, 세속적이고 사탄적인 문화가 이 땅을 지배하기 시작했다. 더
악해지고 음란해지며 쾌락적으로 되어간 것이다. 그런데 그것에
맞설 힘이 없다.

하나님의 아들들이 등장할 때

그렇다면 이제 어떻게 해야 하는가? 그 답이 오늘 주님이 가르쳐
주신 기도의 내용이다. 우리가 살고 있는 땅에서도 하나님의 나
라가 이뤄지기를 추구해야 한다는 것이다. 무엇보다 먼저 그 시
작점은 바로 우리 자신부터여야 한다. 하나님이 인간이 되신 성
육신적 사역을 좇아 온전히 살아가는 '하나님의 자녀들의 출현'
이 요청되는 이유이다. 바울은 그것을 알고 있었다.

피조물이 고대하는 바는 하나님의 아들들이 나타나는 것이니

_롬 8:19

하나님의 나라가 이뤄져 그 통치를 받는 하나님의 자녀들이 이

세상을 사는 것을 바라는 것이다. 이미 쾌락적이고 음란한 문화로 장착한 세상과, 불의와 타협하고 음모와 거짓으로 무장한 세상 사회 구조 속에서 하나님의 자녀로서 의와 진리를 따라 사는 것 말이다. 그럴 때, 이 엄청난 세상 문화의 요구에 지치고 무너지는 이들이 다른 삶의 방식을 사는 크리스천들을 보면서 하나님에게 돌아올 가능성이 열릴 것이다. 더 나아가, 크리스천이 창조적이고 순수하고 아름다운 문화를 생산하고 제시하는 일을 게을리하지 않음으로써 말이다. 그것을 기도하며 그렇게 살아나갈 것을 주님이 우리에게 요청하신 것이다.

그러므로 "뜻이 하늘에서 이루어진 것 같이 땅에서도 이루어지이다"는 다음과 같이 풀어 기도할 수 있다.

하나님은 이미 공중의 권세 잡은 자들을 모두 결박하셨고, 하나님의 뜻은 온 세상에 드러났습니다. 그러므로 그동안 우리가 살았던 세상의 방법과 시스템을 거절하고, 하나님의 말씀을 따라 하나님의 방법으로 사는 수도적 노력을 게을리하지 않을 뿐 아니라, 이 세상에 하나님의 뜻을 따라 사는 거룩한 문화와 하나님 나라가 이뤄지기를 기도합니다. 우리를 통하여 그 나라가 이뤄지도록 추구하며 살게 인도하옵소서.

🙏 내 삶의 자리에서 드리는 기도

이 기도를 드리면서 내 삶에서 내가 이뤄야 할 성육신 사역은 무엇인지 적어 보십시오. 그리고 삶으로 드러내야 할 하나님 나라의 실현은 어떤 것인지 구체적으로 적고, 이 기도와 함께 기도하십시오.

_____

_____

_____

_____

_____

_____

_____

_____

_____

_____

새롭게 풀어쓴 주기도문

하늘에 계신 우리 아버지여,

온 우주 만물, 이 땅뿐만 아니라 천지와 하늘나라까지 주관하시고,
우리 마음속을 포함하여 세밀한 부분까지 아시고 거하시는 하나님
우리 아버지, 그러나 나의 아빠 아버지. 하지만 우리 모든 형제자매
들의 아버지, 그리고 우리가 기도할 때 우리와 함께하시는 예수 그
리스도와 우리 아버지시여!

이름이 거룩히 여김을 받으시오며,

여호와, 하나님 아버지의 이름은 그 이름만으로 거룩하시고 높으시
오니, 아버지의 이름이 우리의 사역을 통하여 온 세상 사람으로부터
높임과 거룩히 여김을 받으시오며, 물이 바다를 덮음같이, 구원이
온 땅에 가득하기를 기도합니다.

나라가 임하시오며,

하지만, 내가 나를 신뢰할 수 없습니다. 만유의 주 되신 하나님께서
왕으로 통치하시는 나라가 내 몸과 마음 안에도 이뤄지길 원합니다.
초청하오니, 내 안에 임하셔서 나의 주가 되시고 다스려주옵소서.

뜻이 하늘에서 이루어진 것 같이 땅에서도 이루어지이다,

하나님은 이미 공중에 권세 잡은 자들을 모두 결박하셨고, 하나님의 뜻은 온 세상에 드러났습니다. 그러므로 그동안 우리가 살았던 세상의 방법과 시스템을 거절하고, 하나님의 말씀을 따라 하나님의 방법으로 사는 수도적 노력을 게을리하지 않을 뿐 아니라, 이 세상에 하나님의 뜻을 따라 사는 거룩한 문화와 하나님 나라가 이뤄지기를 기도합니다. 우리를 통하여 그 나라가 이뤄지도록 추구하며 살게 인도하옵소서.

5장

오늘
우리의 양식을 주소서

오늘 우리에게
일용할 양식을 주시옵고
_마6:11

오늘 이 시대를 지배하고 있는 매우 중요한 세계관 중의 하나는
진화론적 세계관이다. '약육강식' '자연도태' '적자생존'이라는
논리가 정확하게 적용되는 세상이다. 이같은 세계관은 잘못된 신
화를 만들어내는데, 스스로 살아남아야 하고, 자기 외에는 어느
누구도 자신을 구원해줄 수 없다는 생각에 이르게 한다. 오로지

자신만이 자신을 구할 수 있다는 생각과 함께, 급기야 세계의 중심은 자신이라고 생각하게 한다. 극단적인 '자기 긍정'에 빠지게 하는 것이다. 그 결과 많은 것을 가지고 있는 것이 성공이고 승리라는 번영신학에 이르게 하였다. 어쩌면 교회의 부흥에 일조한 것도 이같은 성공과 승리를 하나님의 뜻이라고 생각하게 한 번영신학 때문일 것이다.

돈이 하나님이다?

한 부자가 있었다. 그해 농사가 잘 되어 많은 곡식을 얻게 되자 기존의 곳간을 헐어 크게 증축하고 매우 만족스러운 목소리로 자신에게 이렇게 말했다.

> 내가 내 영혼에게 이르되 영혼아 여러 해 쓸 물건을 많이 쌓아 두었으니 평안히 쉬고 먹고 마시고 즐거워하자 _눅 12:19

부자는 물질적인 풍요가 최고의 평안을 가져다줄 것이라고 생각한 것이다. 하지만 이같이 생각하고 있는 부자에게 하나님은 이렇게 속삭이셨다.

하나님이 이르시되 어리석은 자여 오늘 밤에 네 영혼을 도로 찾으
리니 그러면 네 예비한 것이 뉘 것이 되겠느냐 _눅 12:20

부자의 생각이 잘못되었다는 뜻이다. 부자의 부요가 세속적으
로는 성공하고 승리한 것처럼 보였지만 아니었다. 오히려 하나님
은 그를 이렇게 평가하셨다.

자기를 위하여 재물을 쌓아 두고 하나님께 대하여 부요하지 못한
자가 이와 같으니라 _눅 12:21

"하나님께 대하여 부요하지 못한 자."
하나님을 아는 일에는 인색했다고 평가하신 것이다. 그의 인생
의 목적이 하나님이 아니라 물질이었다는 말씀이다.
우리는 여기서 하나님을 대체할 만큼 강력한 물질의 모습을 보
게 된다. 그래서 성경은 하나님과 관계없이 물질을 추구하며 사
는 삶을 우상을 섬기는 것이라고 말한다.

한 사람이 두 주인을 섬기지 못할 것이니 혹 이를 미워하고 저를 사
랑하거나 혹 이를 중히 여기고 저를 경히 여김이라 너희가 하나님
과 재물을 겸하여 섬기지 못하느니라 _마 6:24

돈이 사람에게 하나님이 되었다는 말씀이다. 놀랍게도 돈이 하나님을 대체하는 세력으로 등장한 것이다. 본문에서는 '재물'로 번역된 '맘모나스'(μαμμωνᾶς), 곧 맘몬에 주목할 필요가 있다. 이 것은 '돈'을 말한다. 그래서 아예 NIV는 "너희는 하나님과 돈을 같이 섬길 수 없다"(You cannot serve both God and Money)라고 번역하였다. 돈이 하나님 위치에 오른 것이다.

열두제자 중의 하나인 가룟 유다는 예수님의 재정을 관리하는 일을 하였다. 나름대로 예수님의 신임을 받고 있었기 때문일 것이다. 그런데 기막힌 일이 벌어진다. 그가 예수를 은 30냥에 팔아 넘긴 것이다. 성경은 그 장면을 이렇게 기록하였다.

14그 때에 열둘 중의 하나인 가룟 유다라 하는 자가 대제사장들에게 가서 말하되 15내가 예수를 너희에게 넘겨 주리니 얼마나 주려느냐 하니 그들이 은 삼십을 달아 주거늘 16그가 그 때부터 예수를 넘겨 줄 기회를 찾더라 _마 26:14-16

이 장면을 누가복음은 아예 이렇게 표현하였다.

3열둘 중의 하나인 가룟인이라 부르는 유다에게 사탄이 들어가니 4이에 유다가 대제사장들과 성전 경비대장들에게 가서 예수를 넘

겨 줄 방도를 의논하매 ⁵ 그들이 기뻐하여 돈을 주기로 언약하는지 라 _눅 22:3-5

돈이 사탄이 들어오는 통로였다. 그러므로 주의해야 한다. 언제든지 하나님 대신 돈이 전부가 될 수 있기 때문이다. 이런 착각에 빠지면 사람들은 이상한 삶의 양식을 드러낸다. 돈, 곧 맘몬이라는 신에게 충성하기 위하여 형제나 친척, 심지어 부모조차 버리기도 하고 사람을 죽이기도 한다. 당연히 착취와 억압과 사기, 이용, 거짓 불의라는 열매는 기본이 된다.

로마 치하에서 세리장으로서 부를 누리고 있던 삭개오란 사람이 있었다. 그가 얻은 물질적 풍요란 결국 로마의 앞잡이가 된 것의 결과였다. 그는 자신의 풍요와 평화를 위하여 민족을 팔고 다른 사람을 강요하고 협박하고 착취한 것으로 보인다. 그의 부는 그래서 얻은 결과였을 것이다. 그런 그가 주님을 자신의 집으로 초대하면서 했던 첫 번째 일이 자신을 위해 존재했던 돈에 대한 결단이었다. 돈 대신 주님께로 나아간 것이다.

주여 보시옵소서 내 소유의 절반을 가난한 자들에게 주겠사오며 만일 누구의 것을 속여 빼앗은 일이 있으면 네 갑절이나 갚겠나이다 _눅 19:8

오늘 필요한 양식

이 시대의 비극은 오로지 물질적 풍요를 축복이라고 말하는 데 있다. 교회도 온통 물질적 풍요와 축복을 강조한다. 사실 '어떻게 (물질을 바르게) 얻을 것인가' 혹은 '어떻게 살 것인가'에 대한 관심보다는 물질적 풍요만을 축복의 기준으로 삼게 한다. 이처럼 물질적 풍요를 추구하고 풍요가 하나님의 축복이라는 일방적인 인식이 이루어질 때, 우리는 하나님을 잊거나 왜곡하게 될 수 있다. 다른 사람을 착취하거나 불의를 행하고도, 돈을 얻고 성공할 수 있다면 괜찮다고 생각하기도 한다. 이것이 오늘날 부요와 성공이 교회를 망치고 세상을 망치게 하는 이유이다.

그런데 주님은 그렇게 가르치지 않으셨다. 우리가 주기도문의 가르침에 주의해야 하는 이유이다. 주님은 이렇게 가르치셨다.

"오늘 우리에게 일용할 양식을 주시옵고."

먼저 주님은 '일용할 양식'을 위해 기도하라고 말씀하시면서, 그 일용할 양식의 범위는 '오늘'로 제한하셨다. 본문에서는 단순히 '오늘'이라는 뜻인 '세메온'(σήμερον)이라는 단어를 쓰고 있지만, 누가복음은 이 부분을 좀 더 자세히 설명하고 있다. 거기에는 '톤 아르톤 … 토 카드 헤메란'(τὸν ἄρτον … τὸ καθ᾽ ἡμέραν)이라고 쓰고 있는데, 직역하면 'the bread … for each day' 곧 '각각의 날을 위한 양식'이라는 뜻이다. 즉, 우리가 구해야 할 양식 혹은 재산은 오랜 날 동안 누리기 위하여 쌓아 두어야 할 것이 아니라, 그날그날 사용할 만큼만 누려야 한다고 말씀하신 것이다.

그 전형적인 모범을 우리는 출애굽 만나 사건을 통해서 볼 수 있는데, 출애굽하여 광야 생활을 할 때 하나님이 이스라엘에게 주신 '만나'는 엄격하게 일용할 양식이었다.

이제 내가 하늘에서 너희에게 먹을 것을 내려줄 터이니, 백성들은 날마다 나가서 하루 먹을 것만 거두어들이게 하여라. _출 16:4. 공동번역

그래서 그들은 아침마다 광야에서 만나를 거두었는데, 하루 이상의 분량을 거두어도 보관할 수가 없었다. 하루가 지나면 모두 썩어버려 먹을 수 없었기 때문이다.

19모세가 그들에게 이르기를 아무든지 아침까지 그것을 남겨두지 말라 하였으나 20그들이 모세에게 순종하지 아니하고 더러는 아침까지 두었더니 벌레가 생기고 냄새가 난지라 모세가 그들에게 노하니라 _출 16:19-20

매일의 양식으로 만나를 기대하게 되면서, 이스라엘은 단 한

순간도 하나님 없이는 살 수 없는 존재가 되었다. 그들은 매일 하나님을 생각하고 하나님을 기대해야 했다. 더욱이 무엇인가를 보관하거나 저축할 수 없었기 때문에, 무엇인가 믿을 것이 없는 이스라엘은 전적으로 하나님만 의존해야 했다. 그때부터 복음성가 가사인 "내일 일은 난 몰라요 하루하루 살아요"가 그들의 고백이 되었다.

미리 준비해 놓으셨다

이 기도에서 놓치지 말아야 할 단어가 '일용할'(NIV에는 'daily'로 번역되어 있다)로 번역된 '톤 에피우시온'(τὸν ἐπιούσιον)이다. 'the+ 형용사'로 쓰여졌지만 형용사 '에피우시온'의 동사는 '에페이미' 이다. 이 단어는 '계속해서 다가온다, 계속 이어진다'라는 의미를 갖고 있다. 이 의미를 살려서 번역하면 '그날그날 필요한, 그러나 계속해서 쉬지 않고, 떨어지지 않고 계속 이어지는'이란 뜻이 된다. 신비로운 말씀이 아닐 수 없다.

그렇다면 어떻게 하루도 떨어지지 않고 계속 이어질 수 있다는 말일까? 어떻게 하나님은 만나를 하루도 쉬지 않고 계속해서 주시는 것일까? 싱거운 질문이긴 하지만, 답은 하나님이 미리 준비해놓으셨기 때문이다. 이렇게 이해하고서 이 부분을 다시 해석하면 이렇게 된다.

"하나님께서 우리를 위해 미리 준비하신 모든 것 중에서 오늘 필요한 것을 허락하신다."

그러니까 우리에게 허락된 양식을 미리 준비하셨고, 그것을 그날그날 우리의 필요와 형편에 맞게 주신다는 뜻이다.

내가 어렸을 때였다. 어머니가 당시에는 매우 귀한 단팥 아이스크림 10개를 사 오셨다. 나는 한꺼번에 다 먹고 싶었다. 그런데 어머니는 그걸 내가 다 먹게 두지 않으셨다. 분명히 나를 위한 아이스크림이었지만, 더 달라고 조르면 심지어 혼내기까지 하셨다. 여러 개를 한꺼번에 먹으면 배탈이 날 것을 걱정하셨기 때문이었다. 하지만 분명한 것은, 그것들은 어머니가 나를 위해 마련하신 나의 것이었다.

이처럼 비록 어머니가 우리를 위해 준비한 것이었어도, 언제나 우리가 원하는 대로 주시는 것은 아니다. 우리가 받을 준비가 되어 있지 않으면 준비된 것이 유보되기도 한다. 더욱이 배탈이 났다면 다음 날이 되어도 어머니는 아들에게 아이스크림을 주지 않으실 것이다. 지금 필요한 것은 그것이 아니기 때문이다. 아들을 사랑하시지 않기 때문도 아니다. 그리고 분명한 것은 그 아이스크림은 모두 아들 것이라는 사실이다. 이 사실을 안다면, 우리는 우리가 구한 무엇인가가 당장 응답되지 않아도 감사할 수 있다. 당연히 하나님은 우리에게 매일 필요한 것을 준비해놓으셨기 때문이고, 필요할 때 분명히 공급하시는 분이시기 때문이다.

당연한 요구

주님은 우리에게 일용할 '양식'을 구하라고 말씀하셨는데, 여기서 '양식'에 쓰인 단어 '알토스'(ἄρτος : 직역하면 떡)는 단순히 우리가 매일 먹는 밥과 식사만을 의미하지 않고, 그 음식을 포함한 양식(마 6:11, 막 6:8), 더 나아가서 모든 생필품을 포함하는 것이다. 그러므로 주님이 가르쳐주신 이 기도는 우리들의 삶에 필요한 모든 것을 구하라는 의미임을 알 수 있다.

우리가 이 기도를 하면서 반드시 알아야 할 것이 있다. 우리가 구해야 할 양식과 삶에 필요한 모든 것의 소유권에 대한 것이다. 헬라어 성경을 보면 '일용할 양식을'으로 번역된 부분은 '톤 아르톤 헤몬 톤 에피우시온'(τὸν ἄρτον ἡμῶν τὸν ἐπιούσιον)인데, 직역하면 '일용할 우리의 양식'이 된다.

개역성경은 '우리의'(ἡμῶν)라는 단어를 생략했지만, 영어성경들은 'our daily bread'로 정확하게 번역하고 있다. 그러므로 이 말의 뜻은 분명히 '일용할 양식'이 하나님의 것이지만, 동시에 우리가 주장할 수 있는 '우리의 것'이라는 사실이다. 그래서 주님은 우리가 기도할 때 '우리의 양식을 주소서'라고 기도하게 하신 것이다. 즉, 그 양식은 우리의 것이다. 주님께 간청해야 주시는 것이아니라, 우리가 당연히 누릴 수 있는 우리의 소유라는 뜻이다. 더구나, 하나님은 우리의 아버지가 되시기 때문에 더욱 그렇다. 자녀가 아버지에게 이런 요구를 할 수 있다는 것은 당연히 말할 필요도 없다.

우리가 집에서 흔히 볼 수 있는 이런 장면이 있다. 밖에서 실컷 놀다가 들어온 아이가 어머니에게, 그것도 반말로 "밥 줘!"라고 요구한다. 그러면 어머니는 "지금 밥을 하는 중이니까 조금만 기다릴래?"라고 사정하신다. 그러면 아들은 "빨리 줘! 배고파 죽겠어"라고 짜증을 내며 명령조로 말한다. 그러면 어머니는 "미안하다"라고 쩔쩔 매듯 말하시며, 우선 요기할 것을 주곤 하신다. 우리는 이런 모습을 쉽게 볼 수 있다.

이상한가? 이상하지 않다. 당연히 아들이기 때문이다. 아들은 어머니에게 이렇게 요구할 수 있다.

우리는 모두 예수를 믿음으로 하나님의 자녀가 되었고 아브라함에게 약속하신 모든 약속을 받아 누리는 하나님의 후사, 상속자가 되었다. 그래서 주님이 기도문 첫 마디에서 "하늘에 계신 우리 아버지"라고 고백하게 한 것이다. 이 기도를 잊어서는 안 된다. 하나님의 것은 우리의 것이고, 하나님과 우리의 관계는 우리를 위해 무엇이든지 아끼지 않으시는 아버지와 자녀의 관계라는 사실말이다.

그래서 주님은 이 기도를 가르치실 때 '주다'라는 의미의 동사 '디도미'의 명령형인 '도스'(δὸς)로 표현하였다. 그렇게 요청하고, 당연히 요구해도 된다는 말은 하나님께서 미리 준비하신다는 뜻이다. 의심할 것도 없다.

더 확신 있는 기도를 위해

우리는 이처럼 당당히 요구할 수 있는 권리가 있다. 하지만 아버지와 아들의 관계가 이상해서 아들이 아버지의 눈치를 보고 제대로 요청하지 못하는 경우도 있다. 아버지는 아들에게 모든 것을 해주려고 하지만 아들이 주저한다. 아버지에게 명령이나 요구는 고사하고 눈치만 살핀다. 왜 그런 것일까? 만일 아들이 입양된 경우라면 아직 아버지와 아들의 관계가 완전히 형성되지 못했기 때문일 것이다. 아직도 자신의 신분을 확실하게 인식하고 확인하지 못한 것이다.

만일 우리 역시 하나님과의 관계가 여전히 서먹하고 기도를 담대하게 하지 못하며, 매일의 삶이 매우 불안하고 미래에 대해 불확실한 생각으로 가득하다면, 그것은 하나님 아버지의 자녀로서 정체성이 불안정하기 때문이다. 즉, 하나님과 깊은 관계와 교제가 이루어지지 않은 까닭이다.

그러므로 우리는 더 하나님을 추구해야 한다. 하나님과의 깊은 친밀감은 우리의 자녀됨을 확증할 것이고 담대하게 기도할 수 있게 할 것이다. 그리고 자녀로서 우리의 삶이 하나님 아버지의 뜻을 따르는 옳은 삶이라면 더 분명한 확신을 갖게 될 것이다.

우리는 하나님의 자녀이다. 우리는 당당하게 오늘 우리에게 필요한 것들을 요청할 수 있다. 그리고 하나님은 준비하셨을 것이다. 의심할 것도 없다. 그러므로 이와 같이 이해하고서, "오늘 우리에게 일용할 양식을 주시옵고"는 다음과 같이 풀어 기도할 수 있다.

또한 우리가 사는 날 동안 사용하도록 하나님 아버지께서 미리 준비해놓으신 모든 것들 중에서, 오늘 지금 우리에게 필요한 우리의 것을 주옵소서.

내 삶의 자리에서 드리는 기도

이 기도를 드리면서 그동안 혹시 걱정하던 삶의 문제가 있다면 구체적으로 적고, 하나님의 인도를 신뢰하며 내려놓고 내어놓으십시오. 또한 그동안 하나님과의 관계가 멀어져 있었던 것은 아닌지 돌아보시고, 하나님께 더 나아가는 계획을 적고 이 기도문과 함께 기도하십시오.

_____

_____

_____

_____

_____

_____

_____

_____

_____

_____

_____

새롭게 풀어쓴 주기도문

하늘에 계신 우리 아버지여,

온 우주 만물, 이 땅뿐만 아니라 천지와 하늘나라까지 주관하시고,
우리 마음속을 포함하여 세밀한 부분까지 아시고 거하시는 하나님
우리 아버지, 그러나 나의 아빠 아버지. 하지만 우리 모든 형제자매
들의 아버지, 그리고 우리가 기도할 때 우리와 함께하시는 예수 그
리스도와 우리 아버지시여!

이름이 거룩히 여김을 받으시오며,

여호와, 하나님 아버지의 이름은 그 이름만으로 거룩하시고 높으시
오니, 아버지의 이름이 우리의 사역을 통하여 온 세상 사람으로부터
높임과 거룩히 여김을 받으시오며, 물이 바다를 덮음같이, 구원이
온 땅에 가득하기를 기도합니다.

나라가 임하시오며,

하지만, 내가 나를 신뢰할 수 없습니다. 만유의 주 되신 하나님께서
왕으로 통치하시는 나라가 내 몸과 마음 안에도 이뤄지길 원합니다.
초청하오니, 내 안에 임하셔서 나의 주가 되시고 다스려주옵소서.

뜻이 하늘에서 이루어진 것 같이 땅에서도 이루어지이다,

하나님은 이미 공중에 권세 잡은 자들을 모두 결박하셨고, 하나님의 뜻은 온 세상에 드러났습니다. 그러므로 그동안 우리가 살았던 세상의 방법과 시스템을 거절하고, 하나님의 말씀을 따라 하나님의 방법으로 사는 수도적 노력을 게을리하지 않을 뿐 아니라, 이 세상에 하나님의 뜻을 따라 사는 거룩한 문화와 하나님 나라가 이뤄지기를 기도합니다. 우리를 통하여 그 나라가 이뤄지도록 추구하며 살게 인도하옵소서.

오늘 우리에게 일용할 양식을 주시옵고,

또한 우리가 사는 날 동안 사용하도록 하나님 아버지께서 미리 준비해놓으신 모든 것들 중에서, 오늘 지금 우리에게 필요한 우리의 것을 주옵소서.

6장

—

우리가
용서했습니다

우리가 우리에게 죄 지은 자를 사하여 준 것 같이
우리 죄를 사하여 주시옵고
_마 6:12

예수님께서 우리에게 일용할 양식을 위한 기도를 먼저 말씀하신 후 이 기도를 드리게 하신 것에 주의할 필요가 있다. 앞에서 살핀 것처럼, 매일 그날의 일용할 양식을 구한다는 것은 하나님에게 의존하여 산다는 것을 뜻한다. 쉽게 말해서 하나님의 은혜로 힘을 얻어 살겠다는 말이다. 매 순간마다 나를 먹이시는 음식의 차

원만이 아니라 삶의 모든 영역에서 모든 것을 채우시고 누리게 하심을 신뢰한다는 말임을 배웠다.

그러므로 내일은 염려할 필요가 없다. 하나님이 알아서 준비하시기 때문이다. 이때 찾아오는 것이 '샬롬'이다. 삶이 아무리 무겁더라도 하나님의 인도하심을 믿기 때문이다. 이런 샬롬에 거할 때 우리 안에는 마음의 여유와 관대함이 생긴다. 그때 용서도 쉬워진다.

그러나 만일 용서가 잘 안 된다면 하나님께 의존함으로 하나님이 허락하시는 샬롬을 체험하지 못하기 때문이고, 과다한 욕심을 부리거나 다른 사람을 받아들일 만큼 여유롭지 못하기 때문은 아닌지 의심해보아야 한다.

이상하고 기막힌 기도

주님이 가르치신 이 '용서의 기도'는 약간 이상한 뉘앙스를 풍긴다. "우리가 우리에게 죄 지은 자를 사하여 준 것 같이 우리 죄를 사하여 주시옵고"라는 기도는 이렇게 이해될 수 있기 때문이다.

"우리가 우리에게 죄 지은 자를 사하여 주었으니까 하나님도 우리의 죄를 사하여 주옵소서."

우리가 지은 죄를 하나님이 용서하시는 조건이 우리가 용서하는 것에 달려 있다는 말처럼 들린다. 더 나아가 우리의 죄를 용서받는 일의 주도권을 우리 스스로 결정할 수 있다는 뜻으로 보이기도 한다. 이런 뉘앙스 때문에 이 기도는 간혹 우리를 매우 혼란스럽게 만드는 것이 사실이지만, 그 뉘앙스를 마냥 부정할 수 있을까?

먼저 알아야 할 것은, 주님이 이 기도를 가르치신 대상이 제자들이라는 점이다. 이미 예수를 믿으므로 구원에 이른 크리스천들일 뿐 아니라, 더 많은 희생과 자기 부인, 그리고 헌신이 요구되는 제자 정도의 신앙인에게 주신 기도라는 것을 알아야 한다. 그렇다면 주님이 가르쳐주신 용서를 구하는 죄의 내용은 우리의 구원과 관계되는 죄가 아니다. 요한복음 13장에서 예수님과 베드로의 대화 중에 나오는 '목욕'과 '발 씻김'의 이야기와 같다. 죽음의 죄로부터의 구원을 주님이 '목욕'으로 표현하셨다면, 이미 구원받은 자들에게는 '발 씻음'만 필요하다는 말씀처럼 말이다.

그러므로 주님이 가르치신 죄 용서에 대한 주기도문의 기도는 구원과 관련된 죄의 문제가 아니다. 이 기도는 이미 구원받은 자들이 어떤 삶의 태도를 가져야 하는지, 특히 죄의 문제에 대하여 어떤 입장을 취해야 하는지에 대한 것이다. 즉, 우리의 변화된 신분에 대해 확인해주는 기도임을 알 수 있다.

이런 가정을 해보자. 여섯 살 먹은 동생이 초등학교 6학년 언니 방에서 놀다가 언니가 좋아하는 인형을 망가뜨렸다. 그전에도 언니 방에 들어와서 망쳐놓은 것이 많았기 때문에 너무 속이 상한 언니는 그날부터 동생과 전쟁을 선포했다. 방에 들어오지 못하게 하고, 용서하지도 않고 못살게 굴었다. 엄마는 그런 언니를 혼내기도 하고 어르기도 했지만 도무지 듣지 않았다. 그러던 어느 날 언니가 장난을 치다가 엄마가 아껴 쓰던 비싼 화장품을 깨뜨려 못 쓰게 만들었다. 엄마는 너무나 화가 났다. 그 화장품 때문에 화가 나서 야단친 것이기보다, 동생을 용서하지 않는 언니라서 더 속상해 혼을 냈다.

사실 큰딸이 화장품을 깬 일 같은 것은 아무런 문제가 아니었다. 그런데 그런 후에 언니가 동생을 용서하고 자기 방으로 데리고 들어와 노는 것을 어머니가 보았다. 어머니가 어떻게 반응했을까? 그 모습을 본 어머니는 화장품 깬 것을 용서한다고 말하셨다. 이제 어머니는 화장품을 깬 언니의 잘못을 문제 삼지 않을 것이다. 그러나 사실 어머니는 이미 용서하신 상태였다. 다만 언니가 동생을 용서하는 순간, 언니가 이미 용서받은 것을 스스로 확인한 것이라 해야 옳다.

분명히 언니는 어떤 대가도 치르지 않았다. 그런데 어떻게 용서가 된 것일까? 그 언니는 어머니의 딸이기 때문이다. 그것은 우리에게 아무리 용서하지 못할 죄라 해도 이미 예수 그리스도의 대속 사건으로 다 해결되었다는 사실과 마찬가지이다. 뿐만 아니라, 이 일을 경험한 언니는 이후로 어머니가 직장에 가 있는 동안에도 어린 동생을 잘 돌보며 살았다. 어머니가 원하는 것이고 어머니를 자랑스럽게 하는 일이었다.

이처럼 용서는 이미 모든 것을 용서받은 새로운 존재들의 삶의 양식이다. 마치 일만 달란트 빚진 자가 이미 용서받은 경우와 같다. 그는 자신이 받은 용서와 긍휼을 가지고 살면 된다. 이것이 일만 달란트 탕감받은 자의 삶의 양식이고 윤리여야 한다.

그러므로 용서한다는 것은 자신이 이미 용서받은 놀라운 존재라는 사실을 증명하는 것이다. 용서함으로써 자신이 정결하고 하나님의 엄청난 용서와 사랑을 받고 있다는 것을 스스로 증명하는 것임을 알 수 있다.

흥미롭게도 헬라어 성경은 시제(時制)를 통해, 이것이 동시에 일어나는 것으로 표현했다. "우리가 우리에게 죄 지은 자를 사하여 준 것 같이 우리 죄를 사하여 주시옵고"의 앞부분, 즉 우리가 '사하여주다' 부분과 그 뒷 부분인 하나님이 '사하여 주시다'라는 부분 둘 다 시제가 '명령법 부정과거(aorist) 능동태'이다.

여기서 중요한 것은 부정과거가 과거의 일회적 사건으로 완료된 상태를 말할 때 쓰인다는 점이다. 그래서 요하킴 예레미아스는 이 완료형을 볼 때 그 의미를 "동시성의 완료형, 즉 동시적인

것의 완료형으로 보아야 한다"(김세윤, 주기도문 강해, 두란노, 169)
라고 말했다. 그러나 엄밀하게 말하면 하나님이 용서하신 것이
먼저다. 이미 용서하셨고, 우리가 용서할 때 그 용서된 것이 확인
되는 것이라 해야 옳다.

가벼운 죄는 없다

그렇다면, '이미 예수 그리스도를 통하여 완전히 용서받았다면
이같이 용서를 구하는 기도를 드릴 필요가 있는가?' 하는 생각을
가질 수도 있다. 그럼에도 불구하고 주님이 이 기도를 다시 요청
하신 이유는 또 있다. 분명히 그(어떤) 죄가 하나님이 용서하시기
에는 가벼운 죄이지만, 동시에 언제나 모든 죄는 심각하다는 것
을 말씀하고 계신 것이다. 우리가 지은 죄는 아무리 작은 죄라도,
뿐만 아니라 하나님이 쉽게 용서하시더라도 반드시 대가를 지불
해야 하는 것이기 때문이다.

죄는 언제나 심각하다. 가볍게 여기는 순간 장성한다. 그러므
로 하나님께서 그리스도의 대속으로 모든 죄를 용서하셨지만, 우
리가 짓는 죄에 대해서는 책임성이 있음을 말씀하신 것이다.

그동안 우리가 했던 회개를 보면 입술로만 하는 '립 서비스' 경
향이 있었다. 행동하지 않았다. 그런데 이같이 행동이 없는 회개

의 고백은 문제가 있다. 우리 자신이 스스로를 의심하게 하기 때문이다. 과연 죄가 용서받았는지를 의심하게 되는 것이다. 우리가 같은 죄에 대하여 반복하여 회개하는 것을 보면 알 수 있는 문제이다.

이같은 이해에서 볼 때, 주님이 이 기도를 드리게 한 것은 우리가 용서받았음을 다른 이를 용서하는 것과 연결시킴으로써, 우리죄에 대한 작은 거리낌이라도 완전하게 없앨 수 있도록 배려하신 것임을 알 수 있다.

예를 들어 우리가 남에게 피해를 주지 않는 범위에서 개인적이고 은밀한 죄를 범했다고 가정해보자. 그 죄는 입술로 회개하는 것 외에는 다른 방법이 없다. 그런데 그 죄를 내가 누군가를 용서할 때 사함(용서받음)이 이루어진다고 생각해보자. 얼마나 기막힌 일인가?

주님이 일만 달란트 빚진 자 비유에서도 사용하신 것인데, 죄를 빚으로 비유하기를 즐겨하셨다. 그런 의미에서 우리가 하나님께 빚을 졌다고 가정해보자. 그런데 우리가 하나님께 갚아야 할 큰 빚을, 그것보다 훨씬 적은 액수이지만 내게 빚을 진 이를 탕감함으로써 내 빚이 다 탕감받는다고 주님이 여기신 것이다. 실제로 헬라어 성경을 보면 이 기도는 '타 옵헤일레이마타 헤이몬'(τὰ ὀφειλήματα ἡμῶν)이라고 쓰여 있는데, '죄'라고 번역된 '옵

헤일레마'는 '빚진 어떤 것' 혹은 '부과금' 등으로 번역된다. 직역하면 '우리의 빚들을'이라고 번역할 수 있다.

그러므로 치명적인 죽음에 이르게 한 우리의 죄는 오로지 예수 그리스도를 통하여 사함이 이뤄지지만, 삶에서 벌어지는 자범죄(自犯罪)의 영역에서는 우리가 용서함으로 우리 죄를 탕감받을 수 있다고 말씀하신 것이다. 우리의 마음과 상황을 세심히 살피시며 가르치신 기도임을 알 수 있다.

용서의 축복

이 기도가 말하고 있는 의미는 또 있다. 사실 우리는, 우리가 용서하지 않는 한, 우리를 용서하신 하나님의 사랑과 은혜를 잘 누리지 못할 수 있다. 용서하지 않는 마음은 용서받은 사건을 모르게 하기 때문이다. 그래서 우리는 늘 자신에게 매여 그 감옥에 갇혀서 산다. 자신이 자신을 용납하지 못하기 때문이다. 이미 용서받은 사건에 대해서도 잘 받아들이지 못한다. 나중에는 그 용서가 상대방에 대한 것이 아니라 자신을 용납하지 않는 사건으로 발전된다. 이것은 매우 위험한 것이 아닐 수 없다. 자신을 용서하지 못하는 것은 예수님이 자신을 위해 죽으신 십자가 사건을 부인하고 하찮게 여기게 하기 때문이다.

〈어느 의사의 임상기록〉이라는 책에 쓰인 폴 투르니에의 체험 담이다. 악성 빈혈로 고생하는 한 직장 여성이 있었다. 담당 의사가 무려 반 년이나 정성을 쏟았으나 치료의 효과가 전혀 없었다. 그래서 의사는 입원 치료를 할 수밖에 없다고 생각하고 있었는데, 일주일 후에 나타난 그녀가 이상했다. 중증 빈혈환자의 얼굴이라고는 도무지 믿을 수 없는 혈색을 하고 나타난 것이다. 그런 그녀의 손에는 회사가 발행한 의무관의 소견서가 들려 있었는데, 다음과 같은 말이 기록되어 있었다.

"환자의 빈혈 여부를 확인하기 위하여 제가 실시한 혈액검사에서는 완전히 정상으로 나타났음. 그러나 담당 의사의 뜻을 존중한다는 의미에서 병가를 얻어 보내니 선처 바람."

의사는 즉시 환자의 혈액을 다시 검사해 보았다. 놀랍게도 그녀는 지극히 정상적인 건강 상태를 유지하고 있었다. 그 기적 같은 결과를 보고서 무엇에 홀린 듯 서 있는 의사를 바라보면서 그녀는 이렇게 말하였다.

"제가 한없이 증오하던 사람을 며칠 전에 용서해주었습니다. 그런데 바로 그때부터 제 기분이 좋아지고 삶에 긍정적인 욕망이 생겼습니다."

용서의 축복이었다.

우리가 용서하지 않는다면, 그것은 스스로 하나님의 무조건적이고 끝없는 사랑의 범위를 축소하는 것으로 작용한다. 예를 들어 "나에게 원수 같은 놈이 한 사람 있습니다. 누구든지 다 용서하지만, 저 놈만 빼놓고 다 용서합니다"라고 선언한다고 가정해 보자. 그 순간 나를 향한 하나님의 용서는 무제한적인 것에서 '저 원수 같은 놈을 사랑하지 못하는 죄'는 제외한 제한적 용서로 나타날 것이다. 곧 하나님의 용서를 부족한 것으로 축소하는 결과가 된다. 그러므로 용서해야 한다. 용서를 누리기 위해서라도 용서해야 한다.

놀라운 명령

주님의 이 기도에는 또 한 가지 놀라운 신비가 숨겨져 있다. 이 기도를 보면 잘 이해되지 않는 표현이 나오는데, 바로 하나님께 "사하여 주시옵고"라고 표현한 부분이다. 이것은 놀랍게도 '명령법'으로 쓰여졌다. '하나님께 명령할 수 있다'라는 뜻이다. 이게 가능한 일일까?

앞의 어머니와 딸의 이야기를 이어가 보자. 언니는 그날 이후 동생을 용서하고 잘 돌보면서, 어머니에게 자신이 어머니의 화장품을 깬 것을 용서해달라고 압박할 뿐 아니라, 심지어 자신이 필요한 무엇인가를 사달라고 떼를 쓰기도 한다. 우리가 정상적인 모녀관계에서 흔히 볼 수 있는 장면이다. 이것이 용서의 권세이다. 지금까지의 해석을 토대로 이 기도를 다시 해석하면 이런 뜻이다.

"하나님, 제가 용서했습니다. 그러니까 제 죄도 끝난 것입니다. 아셨죠?"

이런 뉘앙스이다. 그러므로 이 기도의 문법 뉘앙스는 우리의 용서가 하나님의 용서에 기초하는 것이며, 우리가 용서하는 순간 이미 이뤄진 하나님 용서를 언제든지 가져다 쓸 수 있다는 뜻이 된다. 주님은 우리가 이토록 자유롭고 즐겁고 행복하게 살기를 원하셔서 이 기도를 가르치셨음을 알 수 있다. 그러므로 우리는 용서해야 한다.

이 사실을 정확히 알고 실천하며 산다면 세상은 매우 아름다워질 것이다. 우리 죄가 너무 크고 많지만 우리는 늘 용서하며 살 것이기 때문에, 삭개오처럼 용서는 일반화될 것이고 생활화될 것이다. 그때 이뤄질 이 세상의 아름다움을 생각해보라.

그러므로 "우리가 우리에게 죄 지은 자를 사하여 준 것 같이 우리 죄를 사하여 주시옵고"는 다음과 같이 풀어 기도할 수 있다.

그리고 우리 죄를 대속하시기 위해 아들 예수를 십자가에 못 박혀 죽게 하심으로, 조건 없이 우리들을 모든 죄로부터 완전히 구속하신 은혜에 감사드립니다. 이제 우리도 그 은혜에 힘입어 우리에게 죄 지은 자들을 용서하오니, 우리를 긍휼히 여기시고 인도하옵소서.

🤚 내 삶의 자리에서 드리는 기도

이 기도를 드리기 전에 먼저 내가 지은 죄들을 적어보십시오. 그리고 그 밑에 '이미 하나님이 모두 조건 없이 용서하셨다'라고 씁니다. 이어 그동안 나에게 잘못과 죄를 범한 이들을 적은 후 그들이 지은 죄를 용서하는 기도를 드립니다. 힘들지도 모르지만, 그럴 때마다 나의 죄를 용서하신 주님께 도움을 구하며, 위의 기도와 함께 기도합니다.

새롭게 풀어쓴 주기도문

하늘에 계신 우리 아버지여,
온 우주 만물, 이 땅뿐만 아니라 천지와 하늘나라까지 주관하시고,
우리 마음속을 포함하여 세밀한 부분까지 아시고 거하시는 하나님
우리 아버지, 그러나 나의 아빠 아버지. 하지만 우리 모든 형제자매
들의 아버지, 그리고 우리가 기도할 때 우리와 함께하시는 예수 그
리스도와 우리 아버지시여!

이름이 거룩히 여김을 받으시오며,
여호와, 하나님 아버지의 이름은 그 이름만으로 거룩하시고 높으시
오니, 아버지의 이름이 우리의 사역을 통하여 온 세상 사람으로부터
높임과 거룩히 여김을 받으시오며, 물이 바다를 덮음같이, 구원이
온 땅에 가득하기를 기도합니다.

나라가 임하시오며,
하지만, 내가 나를 신뢰할 수 없습니다. 만유의 주 되신 하나님께서
왕으로 통치하시는 나라가 내 몸과 마음 안에도 이뤄지길 원합니다.
초청하오니, 내 안에 임하셔서 나의 주가 되시고 다스려주옵소서.

뜻이 하늘에서 이루어진 것 같이 땅에서도 이루어지이다,

하나님은 이미 공중에 권세 잡은 자들을 모두 결박하셨고, 하나님의 뜻은 온 세상에 드러났습니다. 그러므로 그동안 우리가 살았던 세상의 방법과 시스템을 거절하고, 하나님의 말씀을 따라 하나님의 방법으로 사는 수도적 노력을 게을리하지 않을 뿐 아니라, 이 세상에 하나님의 뜻을 따라 사는 거룩한 문화와 하나님 나라가 이뤄지기를 기도합니다. 우리를 통하여 그 나라가 이뤄지도록 추구하며 살게 인도하옵소서.

오늘 우리에게 일용할 양식을 주시옵고,

또한 우리가 사는 날 동안 사용하도록 하나님 아버지께서 미리 준비해놓으신 모든 것들 중에서, 오늘 지금 우리에게 필요한 우리의 것을 주옵소서.

우리가 우리에게 죄 지은 자를 사하여 준 것 같이
우리 죄를 사하여 주시옵고,

그리고 우리 죄를 대속하시기 위해 아들 예수를 십자가에 못 박혀 죽게 하심으로, 조건 없이 우리들을 모든 죄로부터 완전히 구속하신 은혜에 감사드립니다. 이제 우리도 그 은혜에 힘입어 우리에게 죄 지은 자들을 용서하오니, 우리를 긍휼히 여기시고 인도하옵소서.

7장

시험에 빠지지
않겠습니다

우리를 시험에 들게 하지
마시옵고
_마 6:13

주님이 가르쳐주신 이 기도는 약간 당황스러울 수 있다. 시험에
들게 하는 주체가 하나님인 것처럼 생각할 수 있기 때문이다. 헬
라어 성경으로 "우리를 시험에 들게 하지 마시옵고"를 읽어도 마
찬가지다. 여기서 사용한 단어의 동사 원형은 '데리고 들어가다.
끌어들이다'라는 의미를 가진 '에이스페로'(εἰσφέρω)이기 때문이다. 직역하면 '우리를 시험 속으로(into, εἰς) 데리고 들어가지 마소서'가 된다. 우리가 당황스러운 이유다. 우리는 바로 이런 질문을 할 수밖에 없다.

"우리가 당하는 시험은 하나님이 주시는 것입니까?"

시험의 이유

어떻게 보면 우리가 당하는 시험과 환난이 하나님께서 주시는 것처럼 보인다. 성경의 몇 구절만 보면 그렇다.

> 사람이 감당할 시험 밖에는 너희가 당한 것이 없나니 오직 하나님은 미쁘사 너희가 감당하지 못할 시험 당함을 허락하지 아니하시고 시험 당할 즈음에 또한 피할 길을 내사 너희로 능히 감당하게 하시느니라 _고전 10:13

> 10하나님이여 주께서 우리를 시험하시되 우리를 단련하시기를 은을 단련함 같이 하셨으며 11우리를 끌어 그물에 걸리게 하시며 어려운 짐을 우리 허리에 매어 두셨으며 12사람들이 우리 머리를 타고 가게 하셨나이다 우리가 불과 물을 통과하였더니 주께서 우리를 끌어내사 풍부한 곳에 들이셨나이다 _시 66:10-12

내 형제들아 너희가 여러 가지 시험을 당하거든 온전히 기쁘게 여
기라 이는 너희 믿음의 시련이 인내를 만들어 내는 줄 너희가 앎이
라 _약 1:2-3

이외에도 하나님이 시험하신다는 구절은 성경에서 얼마든지
찾을 수 있다. 그런 의미에서 우리가 당하는 시험과 환난을 하나
님이 주시는 것이라고 말할 수도 있다. 분명히 그런 측면이 있다.
그런데 이같은 내용과 배치되는 말씀도 성경에는 나온다. 그
대표적인 구절이 야고보서 말씀이다. 야고보서 기자는 하나님이
우리를 절대로 시험하지 않으신다고 기록한다.

사람이 시험을 받을 때에 내가 하나님께 시험을 받는다 하지 말지
니 하나님은 악에게 시험을 받지도 아니하시고 친히 아무도 시험
하지 아니하시느니라 오직 각 사람이 시험을 받는 것은 자기 욕심
에 끌려 미혹됨이니 _약 1:13-14

분명히 앞에서 언급한 내용과 다르다. 그래서 우리는 혼동할
수 있다. 심지어 하나님이 장난삼아 우리를 시험하신다는 것으로
이해할 수도 있다. 그런 것인가?
이같은 오해를 풀기 위해서 우리는 매우 직설적으로 질문을 던

질 필요가 있다.

'진실로 하나님은 우리를 시험하시는가?'

물론 그렇다. 분명히 하나님은 우리를 시험하실 수 있다. 그때는 테스트(test)라는 의미에서다. 그래서 시편 66편 말씀에서도 "우리를 시험하시되 우리를 단련하시기를 은을 단련함 같이"라고 말씀하셨다. 그리고 시험을 통하여 "인내를 만들어낸다"라는 말로써, 시험을 우리의 믿음의 성숙과 관계해서 사용하셨다.

이처럼 테스트 혹은 훈련이라는 측면에서 '시험'은 있다. 그러나 하나님이 하시는 테스트라는 의미에서 시험은 항상 우리가 견딜 수 있을 만큼의 시험이라는 점이 그 특징이다. 그러므로 유혹, 장난, 유희라는 측면에서 하나님의 '시험'은 없다.

사람이 감당할 시험 밖에는 너희가 당한 것이 없나니 오직 하나님은 미쁘사 너희가 감당하지 못할 시험 당함을 허락하지 아니하시고 시험 당할 즈음에 또한 피할 길을 내사 너희로 능히 감당하게 하시느니라 _고전 10:13

하지만 테스트 개념이 아닌 시험을 만날 때가 있다. 정말로 감당할 수 없을 만큼 강한 시험인 경우이다. 그렇다면 왜 이런 경우가 발생하는 것일까? 이에 대해 야고보서 기자는 매우 정확하게,

그 이유를 이렇게 말했다.

> 오직 각 사람이 시험을 받는 것은 자기 욕심에 끌려 미혹됨이니
> _약 1:14

예를 들어 어떤 사람이 부동산 투기를 하다가 부도가 났다고 하자. 혹은 도박으로 많은 돈을 탕진해서 어려움을 당하게 되었다고 하자. 그때 빌린 사채 때문에 지금 온 가족이 고통을 당하고 있다면, 그 상황을 하나님이 우리를 연단하기 위해 훈련시키는 것이라고 말할 수는 없다. 그건 분명히 자기 욕심에 끌려 미혹당하여 시험에 빠진 경우이기 때문이다.

하나님이 개입하시다

그렇다면 왜 주님은 "우리를 시험에 들게 하지 마시옵고"라는 기도를 가르치셨을까? 분명히 이 기도에는 "우리를 시험 속으로 데리고 들어가지 마소서"라는 의미가 있다. 그래서 여전히 질문이 생긴다. 분명히 하나님 때문에 시험이 발생한 것도, 하나님이 시험을 주시는 것도 아닌데, 왜 이런 표현을 쓴 것인가 하는 질문이다.

그것은 한 마디로 설명하면 하나님이 개입하시고 주도하신다는 뜻이라고 할 수 있다. 우리가 잘못하여 시험과 유혹에 빠져 있을 때, 소위 말하면 자업자득인 상황에서 우리보다 앞서서 주님이 우리의 문제에 개입하신다는 의미이다.

앞의 예에 좀 더 덧붙여서 말하면, 카지노나 부동산 투기로 인해 당하고 있는 고통은 분명히 자신이 져야 할 몫이다. 하지만 그것을 마치 자기가 한 것처럼 모두 뒤집어쓰고 책임지는 친구가 있다면, 자기 일처럼 모든 빚을 대신 지고 주도하여 해결하려는 친구가 있다면 설명이 가능하다. 자기가 하지도 않았는데 마치 자신이 한 것처럼 그 환난에 능동적으로 참여하는 것을 말하기 때문이다. 실제로 우리를 위해 그렇게 하신 분이 예수님이시다. 잘못은 우리가 하였고, 그 죄의 대가로 형벌은 우리가 받아야 하는데, 주님이 주도적으로 그 죄의 대가를 지셨다.

²²그는 죄를 범하지 아니하시고 그 입에 거짓도 없으시며 ²³욕을 당하시되 맞대어 욕하지 아니하시고 고난을 당하시되 위협하지 아니하시고 오직 공의로 심판하시는 이에게 부탁하시며 ²⁴친히 나무에 달려 그 몸으로 우리 죄를 담당하셨으니 이는 우리로 죄에 대하여 죽고 의에 대하여 살게 하려 하심이라 그가 채찍에 맞음으로 너희는 나음을 얻었나니 _벧전 2:22-24

더 놀라운 것은 하나님께서 그것을 계획하시고 독생자 예수 그리스도께 담당시키셨다는 사실이다.

> 우리는 다 양 같아서 그릇 행하여 각기 제 길로 갔거늘 여호와께서는 우리 모두의 죄악을 그에게 담당시키셨도다 _사 53:6

그러므로 이 기도를 통하여 알 수 있는 매우 중요한 사실은 우리가 잘못하여 "시험을 당할 때 그 환난의 와중에도 하나님이 주도적으로 우리의 시험에 동참하시고 우리와 함께 계신다"라는 사실이며, 동시에 우리 주님께서 그같은 사역을 기꺼이 하셨다는 사실이다.

방심하지 말아야

이 기도를 드리면서 주의해야 할 것은, 이 기도의 위치가 "우리 죄를 사하여 주시옵고" 다음에 온다는 점이다. 주님이 의도적으로 이같이 배열했을지도 모르지만, 중요한 것은 이런 시험이 오히려 죄사함 이후 하나님의 은혜를 누리고 있을 때 우리에게 다가온다는 사실이다.

우리가 잘 아는 것처럼 다윗이 그랬다. 그는 거의 모든 전쟁을 승리로 이끌고 이제 태평성대를 누리며 하나님과 행복하게 왕국을 꾸려갈 수 있을 것 같았던 시기에, 어느 날 저녁 밧세바를 성적으로 범하고 살인 교사를 이어갔다. 다윗 생애 최고의 죄를 지은 것이다. 그때는 다윗이 사울에게 쫓기던 때도 아니었고 나라가 위기일 때도 아니었다. 모든 것이 좋을 때였다. 그런데 왜 그때일까? 모든 문제가 해결된 것 같아 방심했기 때문이었다.

어떤 경우에도 우리가 우리 자신을 신뢰하고 의지할 만큼 안전한 때는 존재하지 않으며, 우리 자신이 스스로 죄를 이기고 시험에 들지 않을 것을 자신할 만큼 언제나 강하지도 않다는 것을 간과했기 때문이다.

그러므로 아무리 최고의 영적 상태라 할지라도 죄로부터 안심해서는 안 된다. 그래서 마틴 루터는 자기 전에 하루 동안의 잘못과 죄를 돌아보면서 "우리 죄를 사하여 주시옵고"라고 기도하였고, 아침에 일어나서는 "우리를 시험에 들게 하지 마시옵고"라는 기도를 드렸다고 한다.

그러므로 "우리를 시험에 들게 하지 마시옵고"는 다음과 같이 풀어 기도할 수 있다.

하나님께서는 우리가 우리들 스스로의 욕심에 의해 생긴 시험에 빠져 헤맬 때에도 마치 당신이 잘못하신 것처럼 주도적으로 우리의 삶에 개입하시고, 아들 예수 그리스도에게 우리의 죄를 담당시키셨습니다. 또한 기꺼이 그 십자가를 지시고 우리에게로 오신 주님, 이제 우리도 그 시험에 빠지지 않기를 원하오니, 우리를 도와주옵소서.

내 삶의 자리에서 드리는 기도

이 기도를 드리기 전에, 먼저 과거 나의 잘못으로 어려움을 당했지만, 그때에도 하나님이 도우셨던 일을 생각하고 적어보십시오. 적극적으로 개입하셔서 역사하셨던 하나님께 감사하는 기도와 함께 이 기도를 드리십시오.

새롭게 풀어쓴 주기도문

하늘에 계신 우리 아버지여,
온 우주 만물, 이 땅뿐만 아니라 천지와 하늘나라까지 주관하시고,
우리 마음속을 포함하여 세밀한 부분까지 아시고 거하시는 하나님
우리 아버지, 그러나 나의 아빠 아버지. 하지만 우리 모든 형제자매
들의 아버지, 그리고 우리가 기도할 때 우리와 함께하시는 예수 그
리스도와 우리 아버지시여!

이름이 거룩히 여김을 받으시오며,
여호와, 하나님 아버지의 이름은 그 이름만으로 거룩하시고 높으시
오니, 아버지의 이름이 우리의 사역을 통하여 온 세상 사람으로부터
높임과 거룩히 여김을 받으시오며, 물이 바다를 덮음같이, 구원이
온 땅에 가득하기를 기도합니다.

나라가 임하시오며,
하지만, 내가 나를 신뢰할 수 없습니다. 만유의 주 되신 하나님께서
왕으로 통치하시는 나라가 내 몸과 마음 안에도 이뤄지길 원합니다.
초청하오니, 내 안에 임하셔서 나의 주가 되시고 다스려주옵소서.

뜻이 하늘에서 이루어진 것 같이 땅에서도 이루어지이다,

하나님은 이미 공중에 권세 잡은 자들을 모두 결박하셨고, 하나님의 뜻은 온 세상에 드러났습니다. 그러므로 그동안 우리가 살았던 세상의 방법과 시스템을 거절하고, 하나님의 말씀을 따라 하나님의 방법으로 사는 수도적 노력을 게을리하지 않을 뿐 아니라, 이 세상에 하나님의 뜻을 따라 사는 거룩한 문화와 하나님 나라가 이뤄지기를 기도합니다. 우리를 통하여 그 나라가 이뤄지도록 추구하며 살게 인도하옵소서.

오늘 우리에게 일용할 양식을 주시옵고,

또한 우리가 사는 날 동안 사용하도록 하나님 아버지께서 미리 준비해놓으신 모든 것들 중에서, 오늘 지금 우리에게 필요한 우리의 것을 주옵소서.

우리가 우리에게 죄 지은 자를 사하여 준 것 같이
우리 죄를 사하여 주시옵고,

그리고 우리 죄를 대속하시기 위해 아들 예수를 십자가에 못 박혀 죽게 하심으로, 조건 없이 우리들을 모든 죄로부터 완전히 구속하신 은혜에 감사드립니다. 이제 우리도 그 은혜에 힘입어 우리에게 죄 지은 자들을 용서하오니, 우리를 긍휼히 여기시고 인도하옵소서.

우리를 시험에 들게 하지 마시옵고,

하나님께서는 우리가 우리들 스스로의 욕심에 의해 생긴 시험에 빠져 헤맬 때에도 마치 당신이 잘못하신 것처럼 주도적으로 우리의 삶에 개입하시고, 아들 예수 그리스도에게 우리의 죄를 담당시키셨습니다. 또한 기꺼이 그 십자가를 지시고 우리에게로 오신 주님, 이제 우리도 그 시험에 빠지지 않기를 원하오니, 우리를 도와주옵소서.

8장

|

악에서
구출하옵소서

다만 악에서
구하시옵소서
_마6:13

주님이 가르쳐주신 기도 중 "우리를 시험에 들게 하지 마시옵고"
를 이해하여 정리한 기도를 앞에서 살폈다. 그런데 우리가 치명
적인 시험, 곧 유혹에 빠지는 이유에는 야고보서 기자가 말한 것
처럼 "자기 욕심에 끌려 미혹"(약 1:14)되는 측면이 분명히 있다.
그러나 우리가 살핀 것처럼, 하나님은 우리의 미혹된 상태에 주

도적으로 개입하시고 도우신다. 그러므로 우리가 시험에 빠질지라도, 하나님이 함께하시는 까닭에 우리는 이길 수 있다.

그런데 간혹 우리는 그 시험과 유혹에 빠져 더러움과 악 가운데서 헤맬 뿐만 아니라, 악한 자들의 공격으로부터 도무지 헤어나올 수 없을 때가 있을 수 있다. 이같은 상황을 아신 주님께서 이 기도를 가르치셨다.

"다만 악에서 구하시옵소서."

다만 악에서

도무지 빠져나오기 힘든 악한 상황이 엄습했을 때 우리는 주님께 악에서 구해달라고 기도해야 한다. 물론 밖에서 엄습해오는 악에 대해서도 기도해야 하지만, 나 자신이 극단적인 죄로 말미암아 악의 정점을 향해 달릴 때에도 기도해야 한다. 실제로 우리는 그런 극단적인 죄, 스스로 통제할 수 없는 악을 범할 때가 있다.

그러면 이런 질문이 생길 수 있다. 왜 유혹을 극복하지 못하고 헤어나오기 힘든 죄와 타락에 빠지는 것일까? 왜 우리는 죄와 악을 극복하여 이기지 못하는 것일까?

어떤 이들은 이것이 사탄의 힘 때문이라며 책임을 전가하기도 한다. 사람이 아무것도 할 수 없을 만큼 사탄 혹은 귀신의 힘이 세서 그렇게 무너지는 것이라는 영적 전쟁의 논리를 편다.

하지만 이미 살핀 것처럼, 사탄은 존재하지만 하나님을 대항할 만한 실제적이고 독립적인 힘을 갖고 있는 것은 아니다. 단지 미혹하고 속이고 거짓을 행하는 존재일 뿐이다. 그리고 이미 주님이 승리하셨다.

그렇다면 왜 여전히 사탄이 우리에게 강력하게 역사하는 것일까? 정확히 말하면 우리가 그들의 속임에 빠져 동의하기 때문이다. 우리가 선택한 것이다.

그때에 너희는 그 가운데서 행하여 이 세상 풍조(the ways of this world, NIV)를 따르고 공중의 권세 잡은 자를 따랐으니 곧 지금 불순종의 아들들 가운데서 역사하는 영이라 _엡 2:2

우리가 스스로 이 세상의 방법을 따른 것이다. 예를 들어 에덴동산에서 뱀(계 20:2, 옛 뱀이요 마귀요 사탄)은 하와를 유혹한 것일 뿐, 뱀이 강압적으로 하와와 아담을 몰아붙인 것은 아니다. 그들이 스스로 하나님이 되고 싶은 욕망에 사로잡혀 자신이 선택한 것이다. 사탄의 왜곡한 설득에 넘어간 것이다. 어떤 이들이 불륜을 사랑이라는 이름으로 포장하여 사용하고 누리는 경우처럼 말이다.

이것은 야고보서 기자가 말한 것처럼 내 안에 있는 욕심과 욕망의 틈새로 사탄이 속삭인 것이다. 그런데 문제는 이같은 것이 일반화되고 공식화된 생활방식으로 받아들여지고 있다는 점이다.

어느 유부남 영화감독과 여배우의 불륜이 공개됐을 때, 그 감독의 논리는 분명했다.

"내가 동의할 수는 없지만, 내게 피해를 주거나 법에 저촉된 행위가 아니면 그 사람의 의견을 존중해야 한다고 생각하며, 나도 남들에게 똑같은 대우를 받고 싶다"(서울경제신문 인터넷판 2017년 3월 13일자).

그런데 일부는 그 감독의 그런 말을 용인한다. 이미 세상이 그 정도의 가치로 합리화하는 것에 동의했음을 알 수 있다. 우리도 이 세상에서 얼마든지 그같은 불륜을 정당화시킬 수 있는 자유가 생긴 것이다. 더욱이 인간의 권리라는 이름으로 포장이 가능한 사회가 된 것이다. 바울이 말한 사탄(공중의 권세)이 펼치고 있는 세상의 방법(이 세상 풍조)이라 할 수 있다. 그래서 사탄이 실제적인 힘을 갖게 된 것이다. 사람들이 동의했기 때문이고 그 논리에 동의하여 세상 문화에 녹여 넣었기 때문이다. 그때부터 죄와 악에 대하여 고민하지 않으며, 하나님을 마음에 두지 않은 채 사탄과 연합하여 자신의 욕망을 극대화시킨 악 혹은 악한 무리가 등장하였다. 심지어 교회와 목사들마저 더러움과 악을 행하고도 전혀 뉘우침 없이 뻔뻔하게 행동하는 지경에 이른 것이다. 그 순간 선과 악의 경계가 불분명해진다. 그래서 자연스럽게 불의와 더러움에 일정 부분 동조하고, 그것에 기대어 살아야 하는 시대를 만난 것이다. 악을 선택하지 않아도 조금만 방심하면 악의 길에 들어서는 것이 자연스러워진다. 그래서 주님이 이 기도를 드리라고 하신 것이다.

… 다만 악에서 구하시옵소서 _마 6:13

이제 필요한 것은 속사람이 온전히 하나님의 통치를 받는 존재로 사는 훈련이다. 그렇게 마음을 새롭게 함으로 새로운 생각과 판단을 할 수 있는 존재가 되어야 세상의 악과 더러움의 공격 앞에서 자신을 지킬 수 있기 때문이라서 그렇다. 바울이 그것을 강조했다.

22너희는 유혹의 욕심을 따라 썩어져 가는 구습을 따르는 옛 사람을 벗어 버리고 23오직 너희의 심령이 새롭게 되어 24하나님을 따라 의와 진리의 거룩함으로 지으심을 받은 새 사람을 입으라

_엡 4:22-24

어거스틴이 대책없이 무너지던 때가 있었다. 이미 세상에 완전히 잠기었고, 다시 돌아가고 싶어도 돌아갈 수 없을 만큼 무너졌을 때였다. 그때 그가 로마서를 폈을 때 읽었던 말씀에 있는 해법은 단순했다.

12밤이 깊고 낮이 가까웠으니 그러므로 우리가 어둠의 일을 벗고 빛의 갑옷을 입자 13낮에와 같이 단정히 행하고 방탕하거나 술 취하지 말며 음란하거나 호색하지 말며 다투거나 시기하지 말고 14오직 주 예수 그리스도로 옷 입고 정욕을 위하여 육신의 일을 도모하지 말라 _롬 13:12-14

지금도 다른 방법은 없다. 예수 그리스도로 옷 입고 거룩해지는 것 외에는 없다. 그러므로 육신의 일에 묶이지 않고 정욕을 따라 움직이지 않는, 선한 양심을 가진 자유로운 크리스천이 되기를 시도해야 한다. 어거스틴은 그것을 들은 것이다. 세상은 바로 이같이 온전한 크리스천, 곧 하나님의 자녀들이 등장할 때 소망이 시작되기 때문이다.

주님이 준비하신 우리의 미래

주님이 가르쳐주신 이 기도에 숨겨진 또 하나의 중요한 점은 하나님이 인도하실 미래와 장소와 사건에 대한 약속이다. 우리말 성경은 "다만 악에서 구하시옵소서"라고 쓰고 있지만, 문맥상 이 구절은 하나님이 예비하신 곳이 어디엔가 있음을 암시하고 있다.

헬라어 성경을 영어로 직역하면 "악으로부터 …에로 구출하옵소서"(deliver us from evil to)로 읽을 수 있다. 그러니까 어디엔가, 주님이 준비하신 어떤 장소 혹은 미래가 있다는 것을 암시하신 것이다. 그러므로 이 기도를 드릴 때 우리는 지금의 악한 상황에서 벗어나게 하실 뿐 아니라 하나님이 예비하신 곳으로 인도하실 것을 신뢰하며 기도해야 한다. 분명히 그렇게 인도하실 것이기 때문이다. 그러므로 "다만 악에서 구하시옵소서"는 다음과 같이 풀어 기도할 수 있다.

우리가 유혹을 극복하지 못하고 세상을 사랑하여, 스스로 죄악에 빠져 헤어나올 수 없을 때에도 우리를 불쌍히 여기시고 살려주옵소서. 또한 우리가 도무지 감당할 수 없는 악한 세력이 엄습할 때, 그 세력으로부터 우리를 구원하시고 주님이 예비하신 곳으로 인도하여 주옵소서.

이 기도를 드리면서, 내가 아닐지라도 악에 빠져 허덕이는 자들이 있다면 그들을 위한 중보기도를 드려야 합니다. 동시에 나 자신이 악과 더러움에 거했던 것을 생각하면서, 방심하지 않고 경성하여 신앙을 유지하기를 다짐하는 기도를 이 기도와 함께 드리십시오.

새롭게 풀어쓴 주기도문

하늘에 계신 우리 아버지여,
온 우주 만물, 이 땅뿐만 아니라 천지와 하늘나라까지 주관하시고,
우리 마음속을 포함하여 세밀한 부분까지 아시고 거하시는 하나님
우리 아버지, 그러나 나의 아빠 아버지. 하지만 우리 모든 형제자매
들의 아버지, 그리고 우리가 기도할 때 우리와 함께하시는 예수 그
리스도와 우리 아버지시여!

이름이 거룩히 여김을 받으시오며,
여호와, 하나님 아버지의 이름은 그 이름만으로 거룩하시고 높으시
오니, 아버지의 이름이 우리의 사역을 통하여 온 세상 사람으로부터
높임과 거룩히 여김을 받으시오며, 물이 바다를 덮음같이, 구원이
온 땅에 가득하기를 기도합니다.

나라가 임하시오며,
하지만, 내가 나를 신뢰할 수 없습니다. 만유의 주 되신 하나님께서
왕으로 통치하시는 나라가 내 몸과 마음 안에도 이뤄지길 원합니다.
초청하오니, 내 안에 임하셔서 나의 주가 되시고 다스려주옵소서.

뜻이 하늘에서 이루어진 것 같이 땅에서도 이루어지이다,

하나님은 이미 공중에 권세 잡은 자들을 모두 결박하셨고, 하나님의 뜻은 온 세상에 드러났습니다. 그러므로 그동안 우리가 살았던 세상의 방법과 시스템을 거절하고, 하나님의 말씀을 따라 하나님의 방법으로 사는 수도적 노력을 게을리하지 않을 뿐 아니라, 이 세상에 하나님의 뜻을 따라 사는 거룩한 문화와 하나님 나라가 이뤄지기를 기도합니다. 우리를 통하여 그 나라가 이뤄지도록 추구하며 살게 인도하옵소서.

오늘 우리에게 일용할 양식을 주시옵고,

또한 우리가 사는 날 동안 사용하도록 하나님 아버지께서 미리 준비해놓으신 모든 것들 중에서, 오늘 지금 우리에게 필요한 우리의 것을 주옵소서.

우리가 우리에게 죄 지은 자를 사하여 준 것 같이
우리 죄를 사하여 주시옵고,

그리고 우리 죄를 대속하시기 위해 아들 예수를 십자가에 못 박혀 죽게 하심으로, 조건 없이 우리들을 모든 죄로부터 완전히 구속하신 은혜에 감사드립니다. 이제 우리도 그 은혜에 힘입어 우리에게 죄 지은 자들을 용서하오니, 우리를 긍휼히 여기시고 인도하옵소서.

우리를 시험에 들게 하지 마시옵고,

하나님께서는 우리가 우리들 스스로의 욕심에 의해 생긴 시험에 빠져 헤맬 때에도 마치 당신이 잘못하신 것처럼 주도적으로 우리의 삶에 개입하시고, 아들 예수 그리스도에게 우리의 죄를 담당시키셨습니다. 또한 기꺼이 그 십자가를 지시고 우리에게로 오신 주님, 이제 우리도 그 시험에 빠지지 않기를 원하오니, 우리를 도와주옵소서.

다만 악에서 구하시옵소서,

우리가 유혹을 극복하지 못하고 세상을 사랑하여, 스스로 죄악에 빠져 헤어나올 수 없을 때에도 우리를 불쌍히 여기시고 살려주옵소서. 또한 우리가 도무지 감당할 수 없는 악한 세력이 엄습할 때, 그 세력으로부터 우리를 구원하시고 주님이 예비하신 곳으로 인도하여 주옵소서.

9장

|

오직
하나님 아버지께만

나라와 권세와 영광이
아버지께 영원히 있사옵나이다. 아멘.

_마 6:13

주기도문의 마지막 부분은 그 앞의 주기도문과 달리 약간의 논쟁이 있다. 먼저 그 부분에 대해 이해한 다음 그 의미를 살피려 한다. 논쟁의 흔적은 개역개정번역본을 비롯한 한글번역본이 이 기도 부분을 '괄호'로 처리한 데서 알 수 있다. 더군다나 이 부분이 KJV을 제외하면 NIV 등 대부분의 영어 번역본에는 들어 있지 않

다는 점이다. 왜 이런 현상이 벌어진 것일까?

이것만이 아니다. 이 기도문과 관련하여 발생하는 또 다른 논쟁은 이 기도문 앞에 '대개'를 포함하는 여부이다. 요즈음 찬송가에 나오는 주기도문에는 '대개'라는 단어가 들어가지 않지만, 예전 통일찬송가에는 '대개'라는 단어가 들어가 있었다. 심지어 1936년 이전의 성경에는 아예 괄호도 없이 '대개'까지 포함된 채 기록되어 있다. 도대체 왜 이렇게 기록한 것일까?

신약 사본의 역사

이같은 혼란이 이해하기 어려워 보이지만, 성경 사본학을 살피면 그 의문이 쉽게 풀린다.

원래 우리가 가진 신약성경은 지금 우리가 갖고 있는 형태의 내용으로 완성되어 있지 않았다. 소위 말하는 '원본'(original text)은 신약시대 당시 일반적으로 쓰여지던 파피루스에, 그것도 단편적으로 기록되어 있었다. 그런 까닭에 보관이 어려웠을 뿐 아니라 회람하는 과정에서 훼손되기 일쑤였다. 그래서 필사본이 생기게 되는데, 그 과정에서 원본 파피루스는 거의 다 사라졌고 파피루스 필사본이 약간 남아 있게 된다.

이후 성경의 소중함을 알 뿐 아니라 소장하고 싶어하는 사람들과 교회가 생기면서 사본들이 많이 생겨나기 시작하였다. 이같은 사본들은 1450년 구텐베르크가 활자 인쇄술을 발명하여 인쇄가 가능할 때까지 계속 생성되었고, 무려 5000개가 넘는 신약 사본들이 존재하게 된 이유이다. 사본들의 상당 부분은 당시 상용어였던 코이네 헬라어로 쓰여졌지만, 시리아어, 라틴어, 콥틱어 등으로 번역된 까닭에 수많은 사본들이 존재하게 되었다. 그러다 1514년 스페인의 주교 히메네스(Francisco Ximenes de Cisneros)가 '여러 번역 대조성경'(Complutensian Polyglot)을 정리하면서 신약성경에 헬라어 원문을 싣는다.

하지만 교황의 출판 승인을 기다리는 동안 스위스 바젤의 출판업자인 요한 프로벤이 에라스무스(Desiderius Erasmus)를 설득해서 1516년 신약성서 헬라어 성경을 공식적으로 출판한다. 그런데 에라스무스는 모든 신약 사본들을 다 종합해서 신약성경을 정리한 것이 아니라 12세기 경에 만들어진 몇 개의 사본을 부분적으로 사용한 것이었다. 그러므로 그것이 인쇄되어 세상에 퍼졌지만 완전한 것은 아니었다.

그러다 파리의 출판업자 스테파누스가 히메네스와 에라스무스의 성경을 참조하여 헬라어 신약성경을 1546년부터 펴내었다. 이후 칼빈의 후계자였던 테오도르 베자(Theodore de Beza)가 베자 사본(Codex Beza)과 클라로몬타나 사본(Codex Claromontanus)을 사용하여 각주를 달며 헬라어 신약성경을 정리하였다. 이후 1624년 인쇄업자 엘제비어 형제가 베자의 1565년 판을 사용해서 1633년 2판을 찍으면서, 서문에 임의로 텍스투스 레셉투스(Textus Receptus) 곧 '모든 사람에 의해 수락된 본문'이라는 말을 적는다. 그 후 KJV 역시 이 판을 번역하였고, 그 후에 텍스투스 레셉투스만이 완전한 텍스트로 존중받게 되었다.

하지만 이후 여러 귀중한 사본들이 발견되었는데, 특히 티센도르프(Tischendorf)가 시내산에 있는 성 카타린 수도원에서 완벽한 형태의 신약 사본을 발견했다. 그것이 바로 '시내산 사본'(codex Sinaiticus)이다. 그리고 1881년에서 1982년에 웨스트코트(B. F. Westcott)와 호르트(F. J. A. Hort)가 바티칸 사본과 시내산 사본을 중심으로 구성하여 헬라어 신약성경(1881년)을 출판하였고, 이 성경이 RSV를 비롯한 많은 번역본들의 기초가 된다.

이후 에버하트 네슬레(Eberhard Nestle)가 티센도르프의 신약성서와 웨스트코트-호르트의 신약성서와 다른 신약성서 등의 본문을 비교하여 정리한 헬라어 성경을 펴냈고, 그것이 교회와 학계의 인정을 받게 되면서 엘제비어 형제가 펴낸 헬라어 성경의 텍스투스 레셉투스는 상실된다. 그리고 에버하트의 아들 어빈 네슬레(Erwin Nestle)는 아버지의 네슬레판에 쿠르트 알란트(Kurt Aland)의 본문 비평 장치를 넣어 네슬레-알란트(Nestle-

Aland)판(NOVUM TESTAMENTUM GRAECE 27판, 1993년/ NTG)을 펴냈다. 이 성경이 이전의 텍스투스 레셉투스보다 더 널리 사용되고 있다. 세계 각국의 성서공회가 이 성경을 공식적으로 인정하여 지금까지 내려오고 있는 것이다. 그런 까닭에, 어떤 사본에 기초한 번역인가에 따라 "나라와 권세와 영광이 아버지께 영원히 있사옵나이다 아멘" 기도 부분이 있기도 하고 없기도 하다.

예를 들어 현재 많이 사용되는 티센도르프(Tischendorf) 판이나 웨스트코트-호르트(Westcot-Hort) 판과, 이 두 성경을 기초로 만든 네슬레-알란트(Nestle-Aland)판 헬라어 성경에도 이 부분이 없다. 그래서 이 성경을 번역한 NIV 등의 성경에는 이 기도 부분이 없다.

반면에 개정개역판(1998년)을 포함하여 개역한글판(1961년) 성경은, 1882년 매킨타이어와 로스 선교사를 중심으로 '예수성교누가복음젼셔'를 펴낸 이래, 네슬레 판 신약성경(1923년판)을 비롯하여 다양한 출처의 성경을 가지고 오랜 시간 번역된 까닭에 출처를 하나로 특정지을 수 없다. 그런 까닭에 개역성경과 한국어 성경들에는 초기부터 "나라와 권세와 영광이 아버지께 영원히 있사옵나이다, 아멘" 기도 부분이 실려 있는 것이다. 단지 최근엔 각 사본을 존중하여 괄호 처리를 한 것임을 알 수 있다.

송영 기도의 유래

이 기도 부분은 누가복음(눅 11:2-4)에도 없을 뿐 아니라 기록된 사본이 없는 것을 볼 때, 학자들은 주님이 가르쳐주신 처음 기도에는 없던 것으로 동의한다. 그럼에도 불구하고 마태복음에는 이 부분이 왜 실렸는가 하는 의문이 생기는데, 그것은 마태복음의 성격이 유대인이라는 컨텍스트 때문이라고 볼 수 있다.

실제로 이런 형식의 기도는 유대교에서 매우 습관적으로 쓰이던 송영의 형태였는데, 1-2세기에 기록된 〈디다케〉나 〈열두 사도의 복음서〉 등의 책에서 쉽게 찾을 수 있다. 뿐만 아니라 구약에서도 일반적으로 등장하는 송영 부분이기도 하다. 예를 들어 다윗이 성전 건축을 위한 준비를 다 마친 후 드린 그의 기도를 보면 알 수 있다.

여호와여 위대하심과 권능과 영광과 승리와 위엄이 다 주께 속하였사오니 천지에 있는 것이 다 주의 것이로소이다 _대상 29:11

더 분명한 송영의 형태는 요한계시록에 있는데, 이것은 네 생물과 이십사 장로들과 수많은 천사들이 성도들의 기도들이 담긴 금대접이 드려진 후에, 찬양에 이어 찬양과 기도를 마무리할 때

쓰이는 내용에서 나타난다. 이것이 이 기도문의 원형이라 할 수 있다.

> ¹³내가 또 들으니 하늘 위에와 땅 위에와 땅 아래와 바다 위에와 또 그 가운데 모든 피조물이 이르되 보좌에 앉으신 이와 어린 양에게 찬송과 존귀와 영광과 권능을 세세토록 돌릴지어다 하니 ¹⁴네 생물이 이르되 아멘 하고 장로들은 엎드려 경배하더라 _계 5:13-14

이같은 이유로 이 부분이 후대에 삽입된 것으로 볼 수도 있지만, 이 기도를 주님이 가르치신 기도가 아니라고 무조건 확정할 수도 없다. 그런 점에서 한글 성경들의 괄호 처리는 적절한 태도라고 할 수 있다.

'호티', '대개'의 의미

지금까지 우리가 살핀 문제 외에도, 이 기도 부분에 대한 또 다른 논쟁이 있는데, 그것은 '대개'를 넣을 것인가 뺄 것인가 하는 문제이다.

우선 이 단어가 주기도문에 들어간 것은 우연이 아니다. 헬라어 성경 텍스투스 레셉투스(TR) 스크라이브너(TR Scrivener) 판이나 스테파누스(TR Stephanus) 판에 들어 있는 송영 부분은 다음과 같다.

Ὅτι σοῦ ἐστιν ἡ βασιλεία καὶ ἡ δύναμις καὶ ἡ δόξα εἰς τοὺς αἰῶνας Ἀμήν

송영 부분의 시작은 접속사 '호티'(Ὅτι)로 시작하고 있는데 그 뜻은 because 혹은 for로 번역된다. 풀어 쓰면 '왜냐하면 … 때문이다'로 번역할 수 있다. 다음은 KJV의 번역이다.

"For thine is the kingdom, and the power, and the glory, for ever. Amen."

직역하면 '왜냐하면'이 들어가야 한다. 그런데 1930년대에 한국교회가 번역할 때는 한문 성경을 참조했는데, 초기 중국어 번역본이 '호티'를 '대개'(大槪)라고 번역한 까닭에 우리도 그것을 좇아 초기 주기도문에 '대개'를 넣어 기도했던 것이다.

물론 한글이 사용되는 우리나라의 상황에서 '대개'라는 단어가 '호티'의 의미를 잘 드러내지 못하는 까닭에, 지금은 '대개'를 뺀 주기도문을 쓰고 있다. 하지만 '대개'라는 단어로 번역된 헬라어 '호티'는 반드시 해석되어야 한다.

앞에서 설명한 것처럼 '호티'는 because, for 등으로 번역되는

데, 접속사 '호티'로 이어지는 문장이 앞의 문장의 이유임을 설명하기 때문이다. '대개'라는 단어 때문에 모호해졌지만, '호티'를 풀어 번역하면 "우리가 기도드리는 이유는 … 때문입니다"라고 쓰면 된다.

주기도를 해야 하는 이유

이제 우리가 주님이 가르쳐주신 기도를 할 수 있는 이유, 즉 근거가 무엇인지를 살펴보겠다.

"(대개) 나라와 권세와 영광이 아버지께 영원히 있사옵나이다 아멘."

첫째, '나라'(βασιλεία)가 하나님의 것이기 때문이다. 여기서 나라란 천국과 이 땅의 모든 나라를 포함하여 하나님이 통치하시는 모든 것을 의미한다. 그러므로 기도는 하나님께서 모든 것의 주권을 가지신 분임을 인정하는 데서 시작한다. 알다시피 이같은 이해는 우리에게는 큰 힘이 된다. 이 세상을 비롯한 모든 공간이 하나님의 통치 영역이기 때문이다.

둘째, 모든 '권세'(δύναμις)가 하나님의 것이기 때문이다. 하나님은 모든 종류의 힘과 권력, 그리고 권세들 위에 서 있는 절대 권세이시다. 어떤 왕도, 어떤 권력자도 절대 권력을 휘두를 수 없고,

결국 절대 권세이신 하나님 앞에서 풀처럼 사라지고 말 것이기 때문이다. 실제로 역사상 절대 권력을 영원히 소유한 사람은 존재하지 않았다. 그럼에도 불구하고 권력자들은 잘못을 반복한다. 대통령을 비롯하여 권력을 가진 자들이 늘 같은 실수를 범하는 것이다. 절대 권세가 하나님에게만 있고 우리에게는 제한적으로 존재한다는 사실을 모르기 때문이다. 그러므로 이 고백은 하나님만이 하나님되심을 인정하는 것이다.

셋째, 모든 '영광'(δόξα)이 하나님의 것이기 때문이다. 오직 하나님만이 영광을 받으셔야 하고 받으시기에 합당하신 분이시다. 간혹 기도를 우리의 소원을 이루어주는 주문 혹은 통로로 이해하는 경우가 있다. 하지만 영광 받으실 분이 하나님 한 분이라는 고백을 통해서, 우리는 기도의 핵심이 '축복 주문서' 같은 것이 아니라 하나님의 영광을 드러내는 데 있음을 고백하는 것이다.

그리고 주기도문은 '아멘'으로 끝맺는다. '아멘'은 아람어로 'verily', '진실로 그러합니다'라는 의미를 갖는다. 풀어서 쓰면 '그렇게 되어지길 바랍니다' 혹은 '그렇게 될 것을 믿습니다'라고 말할 수 있는데, 우리의 강력한 동의와 소원이 들어 있는 표현이다. 즉, 기도를 드리는 주체로서 나의 즐거움과 소원을 위해서가 아니라 하나님의 나라를 위해, 오직 하나님의 영광이 드러나기 위하여 살겠다는 놀라운 투사적 헌신을 한 후에 마지막 서명을 하는 것과 같다.

그러므로 "(대개) 나라와 권세와 영광이 아버지께 영원히 있사옵나이다, 아멘" 부분은 다음과 같이 풀어 기도할 수 있다.

이렇게 우리가 기도드리는 이유는, 하늘과 땅의 모든 나라는 하나님 아버지 것이며, 모든 권세 위에 모든 권세 역시 하나님 아버지 것이며, 모든 영광 또한 오직 한 분 하나님 아버지께서 받아야 할 마땅한 것이기 때문입니다. 진실로 그렇습니다.

내 삶의 자리에서 드리는 기도

이 기도 부분을 드릴 때 우리는 자신에게 물어야 합니다. "내가 기도하는 이유는 무엇인가? 하나님의 영광을 위해서인가? 아니면 내 문제의 해결을 위해서인가?" 우리는 온전히 하나님 나라와 영광에 초점을 맞춰 기도해야 합니다.

새롭게 풀어쓴 주기도문

하늘에 계신 우리 아버지여,
온 우주 만물, 이 땅뿐만 아니라 천지와 하늘나라까지 주관하시고,
우리 마음속을 포함하여 세밀한 부분까지 아시고 거하시는 하나님
우리 아버지, 그러나 나의 아빠 아버지. 하지만 우리 모든 형제자매
들의 아버지, 그리고 우리가 기도할 때 우리와 함께하시는 예수 그
리스도와 우리 아버지시여!

이름이 거룩히 여김을 받으시오며,
여호와, 하나님 아버지의 이름은 그 이름만으로 거룩하시고 높으시
오니, 아버지의 이름이 우리의 사역을 통하여 온 세상 사람으로부터
높임과 거룩히 여김을 받으시오며, 물이 바다를 덮음같이, 구원이
온 땅에 가득하기를 기도합니다.

나라가 임하시오며,
하지만, 내가 나를 신뢰할 수 없습니다. 만유의 주 되신 하나님께서
왕으로 통치하시는 나라가 내 몸과 마음 안에도 이뤄지길 원합니다.
초청하오니, 내 안에 임하셔서 나의 주가 되시고 다스려주옵소서.

뜻이 하늘에서 이루어진 것 같이 땅에서도 이루어지이다,

하나님은 이미 공중에 권세 잡은 자들을 모두 결박하셨고, 하나님의 뜻은 온 세상에 드러났습니다. 그러므로 그동안 우리가 살았던 세상의 방법과 시스템을 거절하고, 하나님의 말씀을 따라 하나님의 방법으로 사는 수도적 노력을 게을리하지 않을 뿐 아니라, 이 세상에 하나님의 뜻을 따라 사는 거룩한 문화와 하나님 나라가 이뤄지기를 기도합니다. 우리를 통하여 그 나라가 이뤄지도록 추구하며 살게 인도하옵소서.

오늘 우리에게 일용할 양식을 주시옵고,

또한 우리가 사는 날 동안 사용하도록 하나님 아버지께서 미리 준비해놓으신 모든 것들 중에서, 오늘 지금 우리에게 필요한 우리의 것을 주옵소서.

우리가 우리에게 죄 지은 자를 사하여 준 것 같이
우리 죄를 사하여 주시옵고,

그리고 우리 죄를 대속하시기 위해 아들 예수를 십자가에 못 박혀죽게 하심으로, 조건 없이 우리들을 모든 죄로부터 완전히 구속하신 은혜에 감사드립니다. 이제 우리도 그 은혜에 힘입어 우리에게 죄 지은 자들을 용서하오니, 우리를 긍휼히 여기시고 인도하옵소서.

우리를 시험에 들게 하지 마시옵고,

하나님께서는 우리가 우리들 스스로의 욕심에 의해 생긴 시험에 빠져 헤맬 때에도 마치 당신이 잘못하신 것처럼 주도적으로 우리의 삶에 개입하시고, 아들 예수 그리스도에게 우리의 죄를 담당시키셨습니다. 또한 기꺼이 그 십자가를 지시고 우리에게로 오신 주님, 이제 우리도 그 시험에 빠지지 않기를 원하오니, 우리를 도와주옵소서.

다만 악에서 구하시옵소서,

우리가 유혹을 극복하지 못하고 세상을 사랑하여, 스스로 죄악에 빠져 헤어나올 수 없을 때에도 우리를 불쌍히 여기시고 살려주옵소서. 또한 우리가 도무지 감당할 수 없는 악한 세력이 엄습할 때, 그 세력으로부터 우리를 구원하시고 주님이 예비하신 곳으로 인도하여 주옵소서.

(대개) 나라와 권세와 영광이 아버지께 영원히 있사옵나이다 아멘,

이렇게 우리가 기도드리는 이유는, 하늘과 땅의 모든 나라는 하나님 아버지 것이며, 모든 권세 위에 모든 권세 역시 하나님 아버지 것이며, 모든 영광 또한 오직 한 분 하나님 아버지께서 받아야 할 마땅한 것이기 때문입니다. 진실로 그렇습니다.

독자가 풀어 쓰는 주기도문

하늘에 계신 우리 아버지여,

_____

_____

_____

_____

이름이 거룩히 여김을 받으시오며,

_____

_____

_____

_____

나라가 임하시오며,

_____

_____

_____

뜻이 하늘에서 이루어진 것 같이 땅에서도 이루어지이다,

_____

_____

_____

_____

오늘 우리에게 일용할 양식을 주시옵고,

_____

_____

_____

우리가 우리에게 죄 지은 자를 사하여 준 것 같이
우리 죄를 사하여 주시옵고,

_____

_____

우리를 시험에 들게 하지 마시옵고,

다만 악에서 구하시옵소서,

(대개) 나라와 권세와 영광이 아버지께 영원히 있사옵나이다. 아멘,

_____

_____

_____

_____